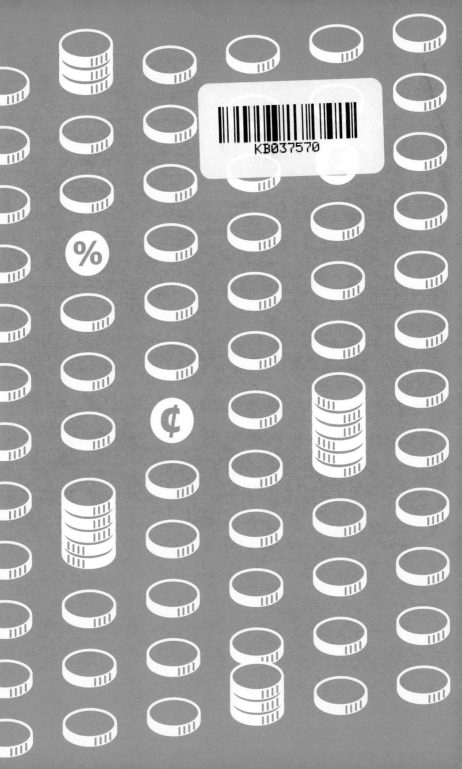

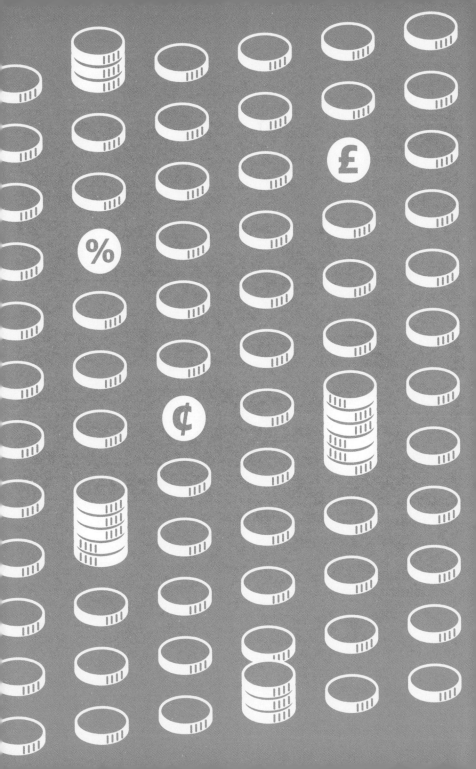

드디어 만난,
보이지 않는 손

시장과 가격
좀 아는 10대

드디어 만난, 보이지 않는 손

시장과 가격 좀 아는 10대

석혜원 글 신병근 그림

풀빛

사람들에게 가장 기억에 남는 추억을 물어보면 외국으로 배낭 여행을 떠났던 일이라고 대답하는 경우가 많아. 배낭여행은 여행 중 필요한 최소한의 물품만 넣은 배낭을 둘러메고 가고 싶은 곳 들을 스스로 찾아다니는 여행이지. 큰 도시 위주로 여행을 할 때 는 배낭 대신 캐리어 가방을 끌고 가기도 해. 말이 잘 통하지 않 는 낯선 나라에서 예상하지 못했던 어려움을 겪는 고생을 각오 해야 하지만, 힘이 들수록 이를 극복한 기쁨도 커서 여행에서 돌 아오자마자 다음 여행을 꿈꾸게 만드는 중독성이 있어.

외국어에 능통하지 않아도 배낭여행이 가능하냐고? 물론이 지. 세계 공통어인 '보디랭귀지'만으로도 의사소통이 가능하거 든. "안녕하세요." "감사합니다." "얼마예요?" "어디예요?" "어 떻게 가요?" 등 꼭 필요한 몇 마디만이라도 알고 떠나면 더 좋고.

"얼마예요?"는 가격을 물어보는 말이야. 해외여행을 할 때 꼭 필요한 몇 마디에 왜 이 말이 들어갈까? 가격은 물건이나 서비 스의 가치를 돈의 가치로 나타낸 거야. 우리는 매일 여러 가격 을 접하며 살고 있어. 일과가 복잡해질수록 행동을 결정하기 전에 알아야 하는 가격은 더 많아지지. 여행 중에는 평소보다 훨씬 다양한 일정을 소화해야 하니까 가격을 알아야 하는 경우는 더 잦아질 거야. 그러니까 "얼마예요?"라는 말은 여행지의 말로 알고 가는 게 좋지. 여행하는 동안은 주로 먹고, 잠자고, 교통수단을 이용하고, 유적지나 박물관, 미술관 관람을 하며 돈을 써. 이럴 때 현지 통화로 표시된 가격이 대충 우리 돈으로 얼마인지 따져 보려면 우리 돈과 현지 통화의 교환 비율인 환율을 알아야 해.

여행 중 무거운 짐을 지고 다니는 건 힘이 드니까 쇼핑은 주로 마지막 여행지에서 하게 될 거야. 정찰제가 아닌 경우 현지 사정에 익숙하지 않은 여행객이 가격을 물어보면 바가지를 쓰는 경우도 있어. 바가지가 뭐냐고? 터무니없이 높은 가격을 지불하게 만드는 거야. 하지만 "얼마예요?"라고 물어보고 "비싸요. 깎아 주세요."까지 그 나라 말로 하면 바가지를 쓸 확률은 현저히 줄어들어. 영어로 해도 알아듣지만 현지 말로 하면 현지 사정에 밝은 사람이라는 인상을 주게 되거든.

같은 물건이라도 나라마다 가격이 달라. 그래서 물가가 싼 나라에서 잘 먹고, 잘 쉬고, 쇼핑을 잘하면 정말 기분이 좋지. 알뜰한 사람들은 떠나기 전에 한국보다 여행지에서 훨씬 저렴한 물건의 목록을 작성하고, 가격에 대한 정보까지 미리 찾아보기도 해. 같은 물건인데 왜 나라마다 가격이 다르냐고? 경제는 어렵다고 싫어하는 사람이 많은데, 가격에 관심이 있다니 대단한데! 이를 이해하려면 가격이 어떻게 결정되고 왜 변동되는지, 각 나라의 시장의 특성은 무엇이고, 통화 가치는 어떠한지에 대한 지식이 있어야 해.

우선 어느 나라에서든지 적용이 되는, 가격이 어떻게 결정되고 왜 변동되는지에 대한 이야기를 들어 볼래? '천 리 길도 한 걸음부터'라고 하지? 시장의 종류와 특성, 수요와 공급, 가격의 결정과 변동에 대한 이론이나 법칙은 경제를 이해하는 데 가장 기본적인 지식이야. 이를 아는 것이 복잡한 경제 현상을 분석하고 흐름을 파악하는 능력을 기르는 첫걸음이라고 할 수 있지.

이 책에선 경제 이론이나 법칙을 알려 주면서 실생활에서 일어나는 사례들과 관련된 이야기를 되도록 많이 할 거야. 지식은 단순하게 아는 것에서 그치면 안 되고, 실제 우리 생활에 끼치는 영향이나 결과와 연결할 수 있어야 의미가 있거든. 자, 이야기를 들을 준비가 되었니?

차 례

1장

가격은
정말 알쏭달쏭해

음식 가격이 왜 시간에 따라 다를까?

승용차 대신 전철을 타고 오는 재미가 제법 쏠쏠하네. 9월 초순이라 코스모스가 이렇게 많이 피었을 거라고는 예상 못했는데. 원덕역에서 여기까지 걸어오면서 가을이 온 걸 실감했어. 할아버지 생신을 축하하려고 가족들이 콘도에서 함께 모이기로 한 건 잘한 일이야. 덕분에 답답한 도시를 탈출해서 산도 보고, 물도 보고, 꽃도 보고, 정말 너무 좋아!

다른 사람들은 점심 먹고 출발한다고 했고, 체크인 시간은 오후 3시니까 우선 점심부터 먹자. 들어오면서 이탈리아 음식점 앞에서 몇 가지 메뉴를 점심에 특별히 싸게 판다는 안내판을 봤어. 가끔씩 이탈리아 음식을 먹으면 기분전환이 되는데, 가 볼까?

여행지에서는 바가지 가격이 많은데, 가격이 정말 착하네. 우리나라만이 아니라 다른 나라에서도 음식점이나 기념품점에서 여행객들에게 바가지를 씌우는 경우가 많아. 여행 온 뜨내기손님의 평판은 다른 사람에게 영향을 주지 않는다고 생각하고 이윤만 많이 챙기려는 속셈이지. 그런데 요즘은 여행지 바가지요금이 많이 줄어든 것 같아. 블로그나 SNS 활동이 활발해지면서 여행을 떠나기 전 미리 정보 검색을 하는 일이 많아지니까 한번 들르는 손님의 불만도 영향력이 생겨서 바가지를 씌우는 데 조심스러워졌을 거라는 생각이 들어.

메뉴판에 동그라미 딱지가 붙어 있는 메뉴가 점심시간에 저렴한 가격으로 먹을 수 있는 거네. 그중에서 골라서 먹어야지.

아, 잘 먹었다. 가격도 착한데 맛도 아주 훌륭해. 같은 메뉴인데 왜 점심시간에

가격이 반이면
맛은 두~ 두두두~ 두배!

점심에는 반값이라고?
맛은 이상없겠지?

가격차별로
식당이윤을
늘리려는 것이지!

는 가격을 저렴하게 하느냐고? 혹시 '가격차별'이라고 들어 봤니? 이 식당에서 내가 점심시간에 먹은 음식을 저녁에 먹는다면 돈을 더 지불해야 해. 동일한 음식이 점심과 저녁이라는 시간적 차이에 따라 가격이 다른 거지. 이처럼 생산비용이 같은 동일한 상품에 대해 서로 다른 가격을 매기는 일을 가격차별이라고 해.

이 콘도에 있는 이탈리아 식당은 이곳뿐이야. 콘도에서 묵을 사람들이 많이 도착하는 저녁시간에는 평소 가격을 받아도 이탈리아 음식을 먹고 싶은 사람은 여기로 올 거야. 그런데 점심 먹을 즈음은 오늘 묵을 사람들이 도착하기에는 이르고, 어제 묵은 사람들은 떠날 때이지. 오늘 묵을 사람들이나 떠날 사람들 모두 다른 곳을 식사 장소로 선택할 여지가 많아. 그런데 여기서 음식을 저렴하게 팔면 미리 와서 식사를 하고 체크인을 하거나 체크아웃 후 점심을 먹고 떠나는 사람들이 생길 거야. 음식점 시설은 이미 갖추어져 있고, 직원들의 임금은 일정할 테니 점심에 더 많은 음식을 팔 때 늘어나는 비용은 재료비나 연료비 정도이지. 이런 비용을 충당하고도 이윤이 생길 정도로만 가격을 매기면 점심 손님이 늘어날수록 전체 이윤은 커지게 돼. 그러니까 같은 메뉴인데도 시간에 따라 가격을 다르게 매기는 것은 기업이 이윤을 늘리기 위한 경영전략이지.

영화관에서 이른 아침에 상영하는 영화의 관람권을 싸게 파는 것도 가격을 차별해서 이윤을 높이려는 마찬가지 전략이야. 기차를 이용하는 사람이 적은 평일에는 주말보다 저렴하게 열차표를 파는 것도 같은 이유고. 콘도의 평일 숙박요금도 주말보다 저렴해. 평일에 그냥 방을 비우는 것보다 평일 요금을 저렴하게 해서 더 많은 사람이 찾아와 방을 채우는 것이 더 이익이거든. 이처럼 가격차별은 독점시장이나 독점적 경쟁시장에서 수요자를 그룹으로 나누었을 때, 그룹별로 수요의 가격탄력성이 다른 경우에 이루어져.

가격차별이 무엇인지 왜 하는지는 알겠는데, 독점시장이나 독점적 경쟁시장, 수요의 가격탄력성 등 모르는 말이 많아서 어떤 경우에 가격차별이 이루어지는지 짐작을 못하겠다고? 미안! 너무 어려운 말을 했구나. 시장과 가격에 대한 경제학적인 지식이 있어야 이해할 수 있는데 말이야. 자세히 알려 줄까?

그보다 알쏭달쏭하게 느꼈던 가격에 대한 궁금증부터 풀고 싶다고? 그래, 궁금한 게 무언지 이야기해 봐.

전기요금은 왜 많이 쓸수록 비싸질까?

지난여름이 너무 덥다 보니 부모님과 신경전을 벌이는 일이 잦아졌다고? 날씨가 덥고 습하면 불쾌지수가 올라가서 평소라면 그냥 넘어갈 일도 짜증이 나고 트집을 부리는 일이 생겨. 아, 신경전을 벌인 게 주로 에어컨 켜는 일 때문이었구나. 에어컨 돌아가는 소리가 계속 들리면 머리가 아프다는 사람들이 많아. 전기요금은 많이 쓸수록 비싸지는 누진제가 적용되니까 전기요금 폭탄을 맞을까 봐 걱정돼서이지.

한국의 전기요금은 주택용, 일반용, 교육용, 산업용, 농사용, 가로등으로 분류해서 받고 있어. 집에서 사용하는 전기에 대해서는 주택용 요금이 적용되는데, 주택용 전기요금 누진제는 3단계로 되어 있어. 전기요금 누진제가 무어냐고? 우선 주택용 전기요금이 어떻게 매겨지는지 표로 보여 줄게.

〈 **주택용 전기요금** 〉

단계	한 달 사용량	기본요금	kWh당 사용요금
1단계	200kWh 이하	910원	93.3원
2단계	201~400kWh	1600원	187.9원
3단계	400kWh 초과	7300원	280.6원

이렇게 표로만 보니 누진제 때문에 전기요금이 얼마나 차이가 나는지 모르겠다고? 예를 들어 볼게. 2단계와 3단계의 경계는 400kWh이지? 어떤 집에서 한 달간 2단계 최고 경계 사용량인 400kWh만큼 전기를 사용했다면, 2단계 전기요금을 적용해야 해. 2단계 기본요금까지 합산한 전체 금액은 1600원(2단계 기본요금) + (200kWh × 93.3원) + (200kWh × 187.9원) = 5만 7840원이야. 여기에 전력기반기금 3.7%, 부가가치세 10%가 붙어서 실제로 내는 전기요금은 6만 5760원이 돼.

그런데 덥다고 에어컨을 좀 더 틀었더니 이번 달엔 410kWh만큼 사용하게 되었네. 미미한 차이지만 3단계 요금이 적용되겠지? 이때는 7300원(3단계 기본요금) + (200kWh × 93.3원) + (200kWh × 187.9원) + (10kWh × 280.6원) = 6만 6346원이고, 추가되는 전력기반기금과 부가가치세를 합쳐서 총 전기요금은 7만 5430원이야. 단지 10kWh를 더 사용했을 뿐인데, 이전 달과 이번 달 전기요금은 무려 9670원이라는 차이가 생기지. 난 전기요금이 계산되는 방식을 보여 주려고 일일이 계산했지만, 인터넷에서 전기요금 계산기를 검색해서 전기사용량을 치면 해당하는 전기요금을 바로 알 수 있어.

한국의 7월과 8월 가구당 한 달 평균 전기사용량은 약 230~

290kWh니까 2단계 요금을 내는 집이 많아. 요즘 1~2인 가구가 많아서 평균이 이 정도인데, 식구가 3~4인인 집은 평균보다 더 많은 전기를 사용할 거야. 그러니까 에어컨을 조금 많이 켜서 전기사용량이 400kWh 초과가 되면 2단계가 아닌 3단계 요금을 내야 해. 너희 집에서 평소에 한 달 350kWh의 전기를 사용했는데, 날씨가 더웠던 어느 달에 20일간 하루에 10시간씩 소비전력이 1.55kWh인 에어컨을 틀었다고 하자. 그럼 에어컨 때문에 추가로 사용한 전기량은 1.55kWh × 10(시간) × 20(일) = 310kWh 야. 한 달 총 사용량이 660kWh가 되는 거지. 전기요금 계산기에 350kWh를 치면 5만 5080원, 660kWh를 치면 15만 5190원이 나오지. 세상에, 차이가 10만 원이 넘어. 부모님이 전기요금 폭탄을 맞는다고 에어컨을 오래 켜는 걸 싫어하시는 게 이해가 되지?

다른 제품은 많이 사면 오히려 할인을 해 주는데 왜 전기는 많이 쓸수록 거꾸로 비싸질까? 정부가 에너지 절약을 위해 전기 가격을 통제하기 때문이야. 우리가 사용하는 전기의 90퍼센트가량은 외국에서 수입한 석탄, 석유, 천연가스, 우라늄을 이용해서 생산해. 전기를 많이 쓰면 더

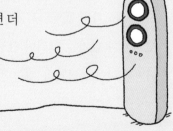

많은 외화를 주고 원료를 수입해야 하지. 그래서 전기를 아껴 쓰도록 하려고 많이 쓸수록 비싼 요금을 받는 거야. 이런 걸 주택용 전기요금 누진제라고 해.

주택용 전기요금 누진제가 시작된 시기는 1974년이었어. 1973년에 발생한 1차 석유파동으로 국제원유가격이 갑자기 많이 올라 세계적으로 큰 문제가 되었던 시기였지. 대부분의 에너지 자원을 수입에 의존했던 한국은 다른 나라보다도 타격이 더 컸어. 그래서 에너지 절약의 필요성이 커졌고, 이를 생활화할 방안으로 전기요금 누진제가 도입된 거란다. 쓰면 쓸수록 전기요금이 비싸지면 되도록 전기를 아끼려고 할 거라고 판단했거든.

일반용, 교육용, 산업용, 농사용, 가로등에 적용하는 전기요금은 주택용 전기요금보다 저렴하면서도 누진제가 적용되지 않아. 그래서 에어컨을 틀지 않으면 견딜 수 없을 정도의 날씨가 지속되는 여름이면 주택용 전기요금 누진제에 대한 불만이 폭발하지. 2016년 12월 이전까지는 누진의 정도가 더 심했어. 아까 350kWh 사용할 때와 660kWh 사용할 때 전기요금 차이가 10만 원 정도라고 했지? 그 전에는 같은 사용량에 대해 20만 원 정도 차이가 났거든. 그러니 전기요금 누진제에 대해 불만의 목소리가 얼마나 높았겠니. 결국 정부가 누진의 정도를 낮출 필요가 있다고 느껴 제도를 개선하면서 지금 정도가 된 거야. 그나마 나아진 거지만 폭염이 심했던 지난여름에도 전기요금이 너무 비싸 힘들다는 기사를 종종 봤지?

주택용 전기요금 누진제는 전기라는 상품을 공기업인 한국전력공사가 독점적으로 팔기 때문에 가능한 제도야. 만일 전기도 다른 상품처럼 여러 기업이 판다면 경쟁 때문에 누진제를 도입하기가 쉽지 않을 거야.

깨끗한 물을 사용할 때 내는 상수도요금과 사용한 물을 버릴 때 내는 하수도요금에도 누진제가 적용돼. 한국전력공사에 내는 주택용 전기요금은 전국적으로 일정하게 적용되지만, 수돗물을 공급하는 사업자는 지역별로 달라서 상하수도요금은 지역에 따라 서로 다른 요금이 적용돼. 하지만 거의 대부분 지역의 수도사업자들은 상하수도요금을 매길 때 누진제를 적용하고 있어. 전기와 마찬가지로 물이라는 자원을 낭비하는 걸 막기 위해서이지. 도시가스도 전기나 수돗물처럼 중요한 자원이지만 도시가스요금에는 누진제가 적용되고 있지 않아.

유명 상표가 붙은 물건은 왜 비쌀까?

이번에도 부모님과 실랑이를 벌이다 생긴 궁금증이구나. 옷, 가방, 신발을 살 때마다 요즘 유행하는 유명 상표가 붙은 물건을 사고 싶은데, 엄마는 시장에서 파는 물건이 좋다며 자꾸 권해서 속상하다고? 유명 상표가 붙은 물건이 조금만 싸도 실랑이를 덜할 텐데, 왜 유명 상표가 붙은 물건은 시장에서 파는 물건보다 훨씬 비싼 걸까?

유명 상표가 붙은 물건의 가격을 보고 '이름값'이 엄청나다고 해. 이름값, 즉 '상표 가치'는 어떻게 만들어질까? 기업들은 소비자들이 자기 회사 제품에 대해 좋은 이미지를 갖도록 하려고 많은 노력을 해. 그중 하나가 자기가 만든 물건에 특별한 기호나 문자 따위를 만들어 붙이고 이를 널리 알리는 일이야. 이런 기호나 문자를 '상표' 또는 '브랜드'라고 해. 상표가 알려지게 되어 사람들이 상표만 보고 물건을 사게 되면 상표 가치가 생겼다고 하지. 이름값이 엄청난 건 기업이 상표를 만들고 그 상표를 알리기 위해 들어간 비용이 많아서란다.

또 유명 상표는 가격에 품질 관리비가 포함되어 있어. 사람들은 유명 상표가 붙은 물건을 살 때 '바꿔 주지 않으면 어떡하지?', '고장 나면 어떡하지?' 따위의 걱정은 잘 안 해. 문제가 있으면 다른 상품으로 바꿔 주거나(교환), 물건을 받고 돈을 되돌려 주는(환불) 건 물론이고 물건을 판 뒤에 수리를 해 주는 애프터서비스도 잘해 줄 것을 알고 있기 때문이야.

기업들은 늘 자기네가 만든 물건을 좋은 상태로 보존하려고 애쓰는데, 유명 상표가 붙은 물건은 더욱 철저히 관리한다. 재료부터 좋은 것을 골라 만들고 디자인할 때도 엄청 공을 들이지. 유명 상표가 붙은 물건은 만들 때부터 판 뒤까지 품질을 관리하는 데 여러모로 손이 많이 가기 때문에 가격이 비쌀 수밖에 없어.

그런데 상표를 만들고 광고하며, 품질을 관리하는 데 들어가는 비용을 감안하더라도 유명 상표의 물건은 너무 비싸. 이는 유명 상표의 물건을 만드는 기업들이 소스타인 베블런이라는 경제학자가 발표한 '베블런 효과'를 염두에 두고 가격을 매기기 때문이야. 1857년 미국에서 태어난 베블런(Thorstein Bunde Veblen)은 사람들은 주위 사람들의 눈을 의식해서 과시적인 소비를 하는 경향이 있다고 했어. 합리적인 가격으로 최대의 만족을 주는 상품이 아니라 가격이 비싸도 남들이 알아주는 상품을 사서 자랑하고 싶은 심리가 있다는 거지. 그래서 사람들은 기능적으로는 같은 상품임에도 불구하고 기꺼이 높은 가격의 물건을 사고 이를 통해 자신은 보통 사람과는 다르다는 점을 과시하려고 한다는 거야. 유명 상표 기업은 소비자의 이런 심리를 이용해서, 가격을 낮게 매기면 오히려 상품에 대한 관심이 줄어들 수 있으니 과시하고 싶은 소비자의 욕구를 자극할 만큼 비싼 가격을 매기는 거야. 그러니까 소비자는 유명 상표의 물건을 살 때 과시하려는 욕구에 대한 대가까지 치르는 거지.

부모님은 가격 대비 성능을 중요시하고, 너는 상표가 주는 만족감을 더 중요하게 생각해. 서로 선택의 기준이 다르니 앞으로도 실랑이는 계속될 것 같은데.

2장

가격,
시장에 도착하다

가격에 담긴 의미

네가 궁금한 것이 부모님과 신경전을 벌인 일들과 관련되는 '가격'이었구나. 어떤 주제에 대해 질문하는 걸 보면 질문하는 사람이 그 주제에 대해 어느 정도 알고 있는지를 짐작할 수 있어. 알쏭달쏭하게 느껴졌던 가격에 대한 질문을 들으니 누군가에게 설명할 정도는 아니지만 넌 이미 가격이나 시장에 대해 기본적인 지식은 가지고 있는 것 같아. 네가 어렴풋이 알고 있는 가격에 대한 내용들을 경제학적으로는 어떻게 설명하는지 알려 줄까? 그렇게 하자고?

좋아, 우선 가격의 의미부터 알아보자. 사람들이 재화와 서비스를 사려면 돈을 지불해야 해.* 이럴 때 지불한 돈의 가치가 바로 가격이야. 공책 한 권을 1천 원을 내고 샀다면 공책 한 권 가격은 1천 원이고, 1만 원을 내고 미장원에서 커트를 했다면 커트 서비스 가격이 1만 원인 거지.

그런데 수없이 많은 재화나 서비스에 해당하는 가격은 누가, 어떻게 정할까? 가격이 붙은 말에는 생산가격, 도매가격, 소매가

2장 가격, 시장에 도착하다

격 등 여러 종류가 있어. 생산가격은 상품이나 서비스를 만들기 위해 들어간 원가에 생산자의 이윤이 더해져 정해진 가격이야. 도매가격이나 소매가격 같은 판매가격은 여기에 유통과정에 들어간 비용과 도매상과 소매상과 같은 유통업자의 이윤이 모두 더해진 가격이지. 유통이란 여러 곳에서 만들어진 상품이 그것을 실제로 사용하는 소비자에게 전해지는 과정이야. 물건의 종류나 생산지에 따라서 유통과정은 조금씩 차이가 나는데, 가장 일반적인 유통과정은 생산자 → 도매상인 → 소매상인 → 소비자의 순서지. 도매상인은 생산자로부터 대량으로 생산가격에 물건을 사서 이윤을 붙여 여러 소매상인에게 팔고, 소매상인들은 도매가격에 자신의 이윤을 붙여 소비자들에게 파는 거야.

운동화 가격을 예로 들어 볼까? 원가는 운동화를 만드는 데 들어간 모든 비용을 합친 것이야. 운동화를 만들기 위해 구입한 재료비와 직원들의 임금, 공장을 짓거나 기계를 사는 데 들어간

★재화는 사람들이 생활하는 데 필요한 것 중에서 쌀, 옷, 책, 컴퓨터, 가방처럼 보고 만질 수 있는 물건은 물론 전기처럼 볼 수 없는 것까지 모두 일컫는 말이야. 서비스는 형체는 없지만 의사의 진료나 음악가의 연주처럼 사람들에게 편리함과 만족감을 주기 위해 돈을 받고 제공되는 기술이나 활동으로 용역이라고도 해.

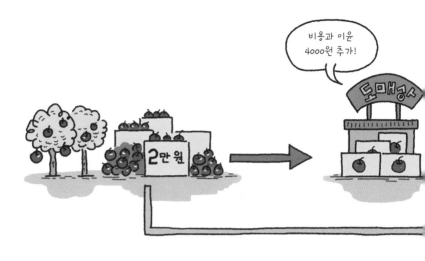

시설비, 판매를 늘리기 위해 들어간 광고비 등 기업을 운영하는 데 들어간 모든 비용들이 포함되지. 운동화 생산 기업은 이런 원가에 적정한 이윤을 더해서 생산가격을 정해.

사람들은 운동화를 공장에서 직접 사는 것이 아니라 스포츠 용품점이나 백화점, 인터넷 쇼핑몰과 같은 유통업체를 통해 사게 돼. 유통업체들은 운동화 생산 기업에 지불한 생산가격에 유통비용과 이윤을 더해서 판매가격을 정하지. 유통비용은 운동화를 운반하고 보관하고 판매하는 데 들어가는 모든 비용을 합친 거란다.

같은 상품이라도 유통과정이 단순해지면 판매가격은 더 저렴해질 수 있어. 어떤 농부가 도매시장에서 사과 한 상자를 2만 원

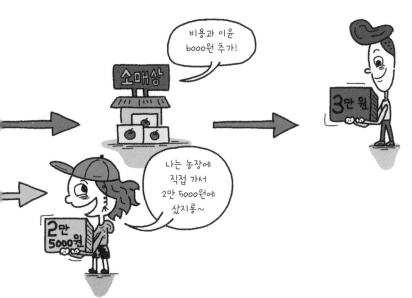

에 팔았다고 하자. 도매상인이 이를 소매상인에게 2만 4000원
에 판매하고, 소매상인이 6000원의 이윤을 더해서 판다면 소비
자가 지불하는 사과 한 상자의 가격은 3만 원이야. 그런데, 농부
가 소비자에게 2만 5000원에 직접 판다면 소비자가 지불하는 사
과 한 상자의 가격은 2만 5000원이지. 중간에 도매상인이나 소
매상인이 끼지 않아서 생산자와 소비자 모두가 이득을 봤어. 예
전에는 생산자와 소비자가 직접 거래하기가 쉽지 않았는데 요즘
은 직거래장터가 늘어나고 온라인서비스가 발달하면서 직접 거
래하는 시장이 넓어지고 있어. 그렇다고 유통업체들이 없는 것
이 항상 좋은 것만은 아니란다.

가격에 담긴 의미

부모님들이 물가가 올라서 큰일이라는 말을 자주 하시는데, 물가와 가격이 같은 말이냐고? 가격은 개별 재화와 서비스의 가치를 나타내는 말이고, 물가는 여러 재화와 서비스의 가격을 종합하여 평균한 것을 말해. 그러니까 하나하나의 가격들이 모여서 물가를 이루는 것이고, 물가가 오른다면 여러 재화와 서비스의 가격들이 함께 오르는 거야.

물가가 오르는 이유 중 가장 대표적인 예는 돈의 가치가 떨어지는 경우야. 아까 가격이란 재화와 서비스의 가치를 돈의 가치로 나타낸 것이라고 했지. 그러니까 돈의 가치가 변하면 가격은 덩달아 변할 수밖에 없어. 만약 상품의 생산량은 그대로인데 돈의 양만 10배 늘어났다면 가격은 어떻게 변할까? 물건과 마찬가지로 돈도 흔해지면 가치가 떨어지니까 돈의 양이 10배로 늘어나면 돈의 가치는 10분의 1로 줄어들지. 물건의 가치가 그대로라고 해도 돈의 가치가 10분의 1이 되면 가격은 10배로 올라가. 그래서 물가가 안정되려면 돈의 가치가 일정하게 유지되어야 해.

시중에 돌아다니는 돈의 양을 통화량이라고 하는데, 생산량이 늘어나 경제 규모가 커지면 커진 규모에 적당하게 통화량이 늘어나야 경제활동이 원활하게 이루어져. 하지만 적정한 양보다 통화량이 더 늘어나면 돈의 가치가 하락해서 상품 가격이 올라가는 현상이 나타나. 그래서 돈을 발행하는 한국은행에서는 물가 안정을 위해서 통화량을 조절하는 데 온 힘을 쏟고 있지.

통화량과 물가의 관계를 알려 주는 역사적인 예를 하나 말해 줄까? 1차 세계대전에서 패한 독일은 엄청난 전쟁 배상금을 갚으려고 아주 많은 돈을 찍어 냈어. 그 결과 1920년 1월에 1달러는 50마르크였는데, 1923년 11월에는 4조 2천억 마르크가 될 정도로 돈 가치가 엄청나게 폭락했지. 당연히 물건 가격은 엄청나게 올랐어. 빵 한 조각을 사려면 돈을 수레에 가득 싣고 가야 할 정도였다는데, 믿기지 않지?

가격에 담긴 의미

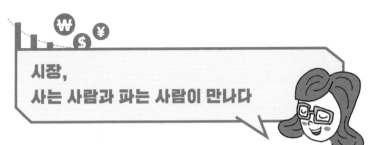

판매가격은 생산과 유통과정에 들어가는 모든 비용과 생산자와 유통업자의 이윤이 더해져서 결정된다고 했어. 그런데 상품이 만들어졌다고 모두 팔리는 것은 아니야. 엄청나게 고급인 스마트폰이 1천만 원의 가격으로 소비자들에게 선을 보였다고 하자. 그 스마트폰을 가지고 싶어 하는 사람은 많을 거야. 하지만 가격이 너무 비싸서 실제로 돈을 지불하고 살 수 있는 사람은 많지 않겠지. 상품을 팔리게 하려면 사람들에게 가지고 싶다는 욕구만 갖게 하면 안 되고 합리적인 가격을 매겨서 실제로 돈을 내고 이를 사게 만들어야 해. 그래야 사고파는 거래가 이루어질 수 있으니까.

시장에서 일정한 가격을 지불하고 상품을 사려는 욕구를 수요, 돈을 주고 상품을 사려는 사람을 수요자라고 해. 또 시장에서 일정한 가격을 받고 상품을 팔려는 욕구를 공급이라고 하고, 돈을 받고 상품을 팔려는 사람은 공급자라고 하지. 시장의 공급자는 생산자, 수요자는 소비자라고도 해. 사려는 수요보다 팔려는 공급이 적으면 가격은 올라가고, 반대로 수요가 공급보다 적으

면 가격은 내려가. 너도나도 사려고 하는데, 물건이 몇 개 안 된다면 비싸게 주고라도 사려는 사람이 그 물건을 차지하게 되겠지. 그러니 그 물건은 높은 값에 팔릴 거야. 반대로 너도나도 팔려는데 사려는 사람이 별로 없다면 파는 사람은 값을 내려서라도 사게 하려고 노력할 거야. 물건값은 당연히 떨어지겠지. 결과적으로 재화와 서비스의 가격은 시장에서 수요와 공급이 만나는 점에서 결정된단다. 이렇게 정해지는 가격이 생산자나 유통업자가 이윤을 볼 수 있는 수준이면 계속 생산과 판매가 이루어져 시장에서 팔리고, 그렇지 못한 재화나 서비스는 시장에서 사라지게 되는 거야.

아, 시장이란 말의 의미를 확실히 해야겠구나. 사람들이 보통 시장에 간다고 할 때, 그 시장은 특별히 재래시장을 뜻해. 너희들도 한 번쯤은 가 보았을 남대문 시장, 동대문 시장 같은 시장 말이야. 그러나 넓은 의미의 시장은 어떤 재화나 서비스에 대한 수요와 공급을 연결하여 사고파는 거래가 자유로이 이루어지는 모든 장소와 제도를 말해. 이런 의미의 시장은 거래 모습에 따라 눈에 보이는 시장과 눈에 보이지 않는 시장으로 나누어져. 재래시장, 백화점, 대형 마트, 편의점 등 거래가 이루어지는 구체적인 장소가 있으면 눈에 보이는 시장이고, 증권시장, 외환시장, 인터넷 쇼핑몰 등 구체적인 장소가 존재하지 않고 거래 모습을 볼 수 없는 시장을 눈에 보이지 않는 시장이라고 해.

　백화점이나 대형 마트, 동네 슈퍼마켓에서는 물건에 가격표를 붙여서 진열하고, 사람들은 가격을 보고 물건을 살지 말지 결정해. 하지만 재래시장의 상점은 가격표를 붙인 곳도 있고 아닌 곳도 있어. 설령 가격표가 붙어 있더라도 가격표보다 낮은 가격으로 살 수도 있지. 그래서 사람들은 사고 싶은 물건을 보게 되면 가격을 물어보고, 상인이 부르는 가격이 비싸다고 생각하면 흥정을 해. 물건을 파는 사람들은 조금이라도 비싼 값에 팔고 싶고, 사려는 사람들은 조금이라도 싼 값에 사고 싶어 하겠지? 서로 만족할 때까지 흥정을 하다 보면 자연스럽게 가격이 결정되지. 뿐만 아니라 가격을 높게 부르면 사려는 사람(수요자)이 줄어들 거고 반대로 물건값을 손해를 볼 정도로 깎아 달라고 하면 팔려는 사람(공급자)이 없어질 거야. 그래서 흥정을 하다 보면 물건의 가격과 팔리는 물건의 양이 자연스럽게 조절된단다.

시장이라고
다 같은 시장이 아니야

독점시장이나 독점적 경쟁시장에서 수요의 가격탄력성이 클 때, 같은 상품에 대해 서로 다른 가격을 매기는 가격차별이 이루어질 수 있다고 했던 거 기억하니? 그런데 독점시장이나 독점적 경쟁시장이 무엇인지 이해하려면 재화와 서비스가 공급되는 형태에 따라 시장을 어떻게 나누는지, 각 시장의 특징은 무엇인지를 먼저 알아야 해.

시장에서의 경쟁이 어떠한가에 따라 시장은 완전경쟁시장과 불완전경쟁시장으로 나뉘어. 완전경쟁시장은 생산자와 소비자가 아주 많고, 시장에서 팔리는 상품은 모두 동일하고, 누구나 자유로이 시장에 참여할 수 있어서 가격 결정에 영향을 끼치는 특정한 생산자나 소비자가 없는 시장이야. 물건이 같으면 모두 가격이 같으니까 가격을 맞출 수 없는 생산자는 시장에서 퇴출되지. 그런데 완전경쟁시장은 경제학자들이 학문적인 연구를 위해 가정을 해 보는 추상적인 시장이고, 현실에서는 완전경쟁시장이라고 할 수 있는 시장을 찾아보기는 힘들어.

그럼 현실에서 찾을 수 있는 시장으로 가 볼까. 역시 넌 눈치가 빨라. 완전경쟁시장에 반대되는 불완전경쟁시장일 것 같다고? 빙고! 그런데 불완전경쟁시장은 완전경쟁시장보다 복잡해. 하나가 아니거든. 그건 독점적 경쟁시장, 과점시장, 독점시장 이렇게 세 개로 나눌 수 있지.

우리가 현실에서 가장 흔히 볼 수 있는 형태의 시장은 독점적 경쟁시장이야. 독점적 경쟁시장은 같은 종류의 상품을 생산하는 생산자는 많지만 생산자마다 서로 다른 특징적인 상품을 공급하는 시장이야. 각자가 갖는 특징 중에서 사람들이 특별히 선호하는 상품이 있다면, 독점력을 가지는 생산자가 생기겠지. 오늘 우리가 점심 식사를 한 식당을 포함해 음식점, 의류시장, 주유소, 미용실, 약국 등이 독점적 경쟁시장에 속해. 상품의 기능이나 품질의 차이가 크지 않아서 어느 하나의 상품 가격이 많이 오른다면 소비자에게는 다른 상품을 택할 수 있는 여지가 많아. 그래서 경쟁시장이지. 음식점을 예로 들어 볼까. 식당마다 이탈리아 음식, 한식, 분식 등 서로 다른 음식을 제공하니까 생산자는 어느 정도 가격결정권을 가지고 있어. 그러나 터무니없는 가격을 부를 수는 없어. 만약 여기 이탈리아 식당의 가격이 너무 비싸다고 느꼈다면 나는 그곳을 나와서 주변의 합리적인 가격의 음식을 찾아

갔을 거야. 대체로 소비자가 나와 같겠지? 그래서 독점적 경쟁시장에서는 생산자가 경쟁력을 높이기 위해 가격보다는 서비스나 상품의 디자인, 광고와 판촉품 등을 중요하게 여기지.

알았어, 알았어. 독점적이란 혼자서 모든 것을 독차지한 상태를 뜻하는데, 수많은 생산자가 있는 음식점이나 의류시장에 독점적이란 말을 붙이는 것이 이해하기 힘들다고? 음, 어떻게 말해야 머리에 쏙 들어올까? 다시 음식점을 예로 들어 설명해 볼게. 세상에 있는 음식점들이 위치와 분위기, 메뉴와 음식 맛, 서비스 등 모든 조건이 완벽하게 같다면 독점적이란 말을 쓸 수 없어. 그런데 음식점은 아주 많지만 모든 조건이 같은 음식점은 있을 수 없겠지. 어떤 곳은 맛이 기가 막혀서 사람들의 발길이 끊이지 않지만, 어떤 곳은 분위기 때문에 사람들이 찾기도 하잖아. 심지어 프랜차이즈 음식점이라도 지점마다 조금씩 다른 점이 있을 거야. 결과적으로 같은 종류의 상품을 생산하는 생산자들이 경쟁은 하지만 각자가 갖는 상품의 특징 면에서 독점력이 있기 때문에 독점적 경쟁시장이라고 하는 거지. 이제야 네 표정이 좀 풀린 것 같네.

이번엔 과점시장. 과점시장은 한 상품을 소수의 기업이 서로 경쟁하면서 생산하여 공급하고, 이들이 가격을 결정하는 시장이야. 수많은 생산자가 경쟁해야 하는 독점적 경쟁시장에 비해 생

산자의 수가 매우 제한적이라는 게 두 시장의 결정적 차이지. '과점'의 '과'는 '적다'라는 뜻의 한자어거든. 과점시장의 예로는 텔레비전이나 냉장고와 같은 대형 가전제품과 승용차 제조업, 이동통신 회사, 휘발유 생산 회사 등이 있어. 이런 기업들의 특징이 눈에 들어오니? 생산하려면 많은 자본이 필요해서 하고 싶다고 아무나 시장에 진입할 수 없는 업종들이야. 그래서 몇몇만 그 상품들을 생산하는 과점시장의 형태를 띠는 거지.

과점시장에서 공급되는 상품은 어느 한 기업이 가격이나 생산량을 변경하면 다른 기업도 영향을 받아. 성능이 비슷한 스마트폰 가격이나 이동전화 사용요금이 생산자에 따라 다르기는 하지만 큰 차이가 없는 건 가격을 결정하면서 서로 눈치를 보기 때문이지. 시장의 수요량보다 더 많은 상품을 생산하여 가격이 하락하면 모든 생산자들의 이윤이 줄어드니까 과점시장에서는 경쟁 기업의 반응을 살피며 가격이나 생산량을 결정해.

생산자의 수가 적으니까 서로 짜고 가격을 올리는 일이 벌어질 수도 있어. 이런 일을 가격 담합이라고 해. 담합이 이루어지면 생산자의 이윤은 커지고 소비자가 피해를 입게 되지. 그래서 정부에서는 공정거래위원회를 통해서 가격 담합이 이루어지지 않도록 시장을 감시하고 있어.

자, 이제 드디어 마지막이야. 독점시장. 독점적 경쟁시장과 헷갈린다고? 걱정하지 마. 독점시장은 생산자가 한 기업뿐이고, 가격이 그 기업 마음대로 결정되는 시장이야. 생산자가 하나다! 이건 많은 생산자가 참여하는 독점적 경쟁시장과 헷갈릴래야 헷갈릴 수 없는 차이 아니니? 경쟁 자체가 없는 거니까. 그렇다면 독점시장에서의 가격은 엄청나게 비싸겠다고? 그렇지. 마음대로 가격을 결정할 수 있다면 생산자는 자기들의 이윤을 극대화하는 쪽으로 가격을 매기게 될 거야. 하지만 대부분의 나라에서는 특정 시장에서 한 기업이 독점 생산자가 되는 것을 금지하고 있어.

시장의 생산자가 하나인 것이 더 좋다면 정부나 지방공공단체가 기업을 세우고 이를 독점적으로 공급하기도 하지. 도로와 항만 건설이나 수돗물, 전기, 교육 등 사람들의 일상생활에 꼭 필요한 재화와 서비스를 공공재라고 해. 이런 공공재를 생산하려면 엄청난 돈이 필요해. 일반 기업들에게 공공재 시장을 열어 주면 독점이나 과점 시장이 되어 버려서, 공공재 가격이 국민들이 감당하기 힘든 수준으로 오를 수 있어. 그래서 안정된 가격으로 공공재를 공급할 수 있도록 일반 기업들은 진출하지 못하게 하고, 정부나 지방공공단체가 세운 공기업에서 생산을 담당하게 하지. 가격 결정도 국가에 이익이 되는 방향으로 해. 산업용 전기요금은 주택용 전기요금보다 싸게 하고, 국민들이 전기나 물과 같은 자원은 절약하도록 주택용 전기요금 누진제나 상하수도요금 누진제를 실시하는 것처럼 말이야.

설명을 듣고 보니 독점적 경쟁시장보다 과점시장이나 독점시장에서 기업이 더 많은 돈을 벌 수 있을 것 같다고? 과점시장에서 생산자들이 가격 담합을 하거나 독점시장에서 생산자가 가격을 마음대로 정하여 이윤을 극대화하면 기업가는 엄청난 돈을 벌게 되는 거 아니냐는 말이지? 맞아. 지금은 기업의 이윤이 과도해지지 않도록 규제를 하고 있지만, 실제 그랬다는 걸 역사는 말해 주지. 미국의 역대 부자 순위에 1900년 전후의 기업인들이 많은 것을 보면 이를 여실히 알 수 있어. 2007년 3월 미국의 경제 주간지 〈포춘〉이 발표한 미국의 역대 부자 순위를 살펴볼까? 〈포춘〉은 부는 상대적이고 달러 가치도 변동되므로 부자 순위는 사망 당시 개인 자산이 미국 전체 경제에서 차지하는 비율을 기준으로 순위를 매겼다고 밝혔어.

역대 최고 부자는 1870년 스탠더드 석유회사를 설립하여 미국 석유시장의 약 90퍼센트를 독점했던 석유왕 존 록펠러였어. 1937년 당시 그의 재산은 미국 경제의 1.54퍼센트에 해당하는 약 14억 달러(2006년 기준 가치 2000억 달러)였지. 2위는 선박왕이자 철도왕이었던 코닐리어스 밴더빌트로 1877년 그의 재산은 1억 500만 달러, 미국 경제의 1.15퍼센트에 달했어. 3위는 부동산 재벌 퍼리어 존 제이컵으로 1848년 그의 재산은 2000만 달러에 달해 미국 경제의 0.93퍼센트를 차지했고, 4위는 해운업자에서 시작하여 금융업자가 된 스티븐 지라드. 1831년 기준 그의 재산은 750만 달러로 미국 경제의 0.67퍼센트에 달했어. 〈포춘〉이 순위를 발표할 당시 세계 최고의 부자였던 마이크로소프트 창업자 빌 게이츠는 2006년 기준 미국 GDP의 0.66퍼센트에 해당하는 820억 달러의 재산으로 미국 역대 부자 순위로는 5위를 차지했지. 역대 6위 부자는 철도 교량 사업을 하다 철강업에 투자해 큰돈을 번 강철왕 앤드루 카네기로, 1919년 그의 재산은 3억 5000만 달러를 기록해 미국 경제의 0.60퍼센트를 차지했어.

이처럼 미국 역대 부자 순위에 19세기 후반과 20세기 초반의 기업가들이 많은 이유는 당시 미국은 모든 시장에서 독과점이

허용되었기 때문이야. 하지만 독과점 시장의 기업가들이 매기는 높은 가격에 대한 불만이 높아지자 미국 정부는 독점을 금지해서 국민을 보호하기 위해 1890년에 셔먼법, 1914년에는 클레이턴법과 연방거래위원회법을 제정하였지.

비슷한 듯 전혀 다른 독점적 경쟁시장과 독점시장, 그리고 기업이 폭리를 취할 수 있다는 측면에서 독점시장과 닮은꼴인 과점시장까지, 시장이라는 한 단어에 이렇게 다양한 종류가 존재한다니 사뭇 놀랍지? 처음엔 이게 다 무슨 말이야, 했지만 이제는 시장에 대해 감이 좀 잡힌다니, 우리 여행의 출발이 좋은걸.

지금까지 가격이 무엇인지, 시장에는 어떤 것들이 있는지 알아보았으니 이제 가격은 대체 어떻게 정해지는지 살펴보자. 가격은 저절로 시소를 타는 것인지, 아니면 무언가 누르는 힘이 있는 것인지 말이야. 어떤 힘이 가격을 결정하는 게 아니라 가격이 무언가를 변하게 하는 것 같다고? 우아, 정말 놀라운 추리력인걸. 좋아, 가격을 정하는 힘이 있는지 아니면 가격이 무언가를 정하는 힘인 건지 탐색에 나서 볼까?

3장

가격을 결정하는
놀라운 힘

가격이 올랐어, 살까 말까?

방을 배정받았으니 짐을 들여놓고 다른 식구들이 오기 전에 간식거리를 미리 준비해 두자. 예전에는 콘도 슈퍼에서 물건을 비싸게 팔아서 여행 올 때 먹을 것을 잔뜩 가지고 왔는데 요즘 은 굳이 그럴 정도는 아니야. 승용차를 타고 오는 사람이 많은데 비싸게 팔면 먹을거리를 모두 다른 곳에서 사서 싣고 올 테니 잘 생각한 거지. 과일과 음료수는 가져온다고 했고, 주전부리로 먹 을 것만 고르자. 저녁 식사를 하고 먹을 후식으로 아이스크림도 사면 좋겠지? 입맛이 모두 다르니까 각자 한 개씩 먹을 수 있는 걸로 골고루 사자.

우리는 지금 돈을 내고 아이스크림을 샀어. 아이스크림의 수 요자가 된 거야. 지금은 모두 한 개씩 먹을 수 있게 사람 수에 맞 추어 샀지만, 만약 1개 가격으로 2개를 살 수 있는 1+1 행사 상품 이 있었거나 2개 가격으로 2+1 행사 상품을 고를 수 있었다면 아 마도 더 샀을 거야. 반대로 가격이 두 배였다면 사는 양을 줄이 거나, 낱개 포장된 아이스크림을 사는 대신 큰 통으로 파는 아이스크림을 사서 나누어 먹는 쪽을 선택했을지 몰라. 이렇게 재화와 서비스를 사려는 수요는 가격에 따라 그 양이 달라져. 어떤 가격에 수요자가 사고자 하는 재화나 서비스의 양을 수요량이라고 해. 가격이 상승하면 수요량이 감소하고, 가격이 하락하면 수요량이 증가하지. 이처럼 가격과 수요량은 반대 방향으로 움직이게 되는데, 이런 현상을 수요의 법칙이라고 해. 나도 처음에 말로 들을 때 의미가 머릿속에 쏙 들어오지 않았는데 그래프로 보니 금방 이해가 됐어. 너도 그래프를 보면 이해가 빠를 거야.

아이스크림 가격이 1개 1000원이고, 하루에 팔리는 양이 1000개라고 하자. 만약 아이스크림 가격이 500원으로 내려가면 팔리는 양은 늘어날까, 줄어들까? 사람들의 소득이나 날씨 등 아이스크림 판매에 영향을 미치는 다른 요인들이 모두 같다면 팔리는 양은 늘어날 거야. 그래서 하루에 1500개가 팔리게 되었다고 해. 반대로 아이스크림 가격이 2000원으로 올라가면 팔리는 양은 줄어들겠지. 그래서 하루에 750개가 팔린다고 하자. 이걸 그래프로 옮겨 볼까?

이렇게 가격과 수요량의 관계를 나타낸 그래프를 수요곡선이라고 해. 보는 것처럼 수요곡선은 오른쪽으로 갈수록 내려가는 곡선이지. 이런 가격과 수요량의 관계는 시장에서 이루어지는 대

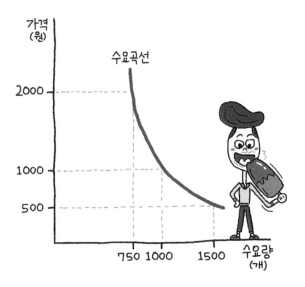

부분의 거래에서 나타나. 어떤 상품이든지 가격이 올라가면 덜 사게 되고, 가격이 내려가면 더 사게 되는 거지.

그런데 기펜재의 경우는 수요의 법칙이 적용되지 않아. 기펜 재가 무엇인지부터 설명해야겠구나. 영국의 경제학자 로버트 기 펜(Robert Giffen)은 19세기 중반 아일랜드를 덮쳤던 대기근 후 아일랜드 사람들의 소비생활을 조사하다가 이상한 현상을 발견 했어. 아일랜드 사람들의 주식인 감자의 가격이 내려가자 오히려 수요량이 줄어든 걸 알게 된 거야. 이처럼 수요의 법칙이 적용되 지 않는 현상을 이를 발견한 기펜의 이름을 붙여서 기펜의 역설

(Giffen's paradox)이라고 하고, 수요의 법칙이 적용되지 않는 재화를 기펜재라고 해. 왜 이런 현상이 나타났을까?

아일랜드 사람들이 감자를 주식으로 삼게 된 것은 감자를 특별히 좋아해서가 아니라 가장 싸게 살 수 있는 먹거리였기 때문이었어. 너무나 가난해서 감자만 먹으며 배고픔을 달랬는데, 감자 가격이 내려가니까 감자를 사는 데 필요한 돈이 줄게 되어 약간의 여윳돈이 생긴 거지. 이 돈으로 먹고 싶었던 빵을 살 수 있게 되자 감자만 먹을 필요가 없어지면서 감자에 대한 수요량이 줄어들었던 거야.

기펜재는 가격이 하락하면 수요량이 줄어드는데, 가격이 오르면 수요가 오히려 늘어나는 경우도 있어. 유명 상표의 물건이 왜 비싼지 이야기하면서 알려 주었던 '베블런 효과'를 기억하니? 합리적인 가격으로 최대의 만족을 주는 상품이 아니라 가격이 비싸도 남들이 알아주는 상품을 사서 자랑하고 싶은 심리가 과시적 소비를 하게 만든다고 했지. 그래서 고급 자동차나 명품 가방의 경우에는 가격이 올라갈수록 수요량이 증가하는 현상이 생기게 돼. 수요의 법칙에 따르면 가격이 올라가면 수요량이 줄어들어야 하는데, 베블런 효과가 나타나면 이 법칙이 적용되지 않는 거야. 베블런 효과를 노리는 생산자나 판매자들은 오히려 가격을 올려서 수요를 늘리려고 해. 백화점들이 불경기에 VIP를 대상으로 한 영업을 활발하게 펼치자 아주 비싼 상품의 매출이 오히려 늘어났다고 해. 불경기에 주머니 사정이 얇아져 소비를 줄여야 하는 사람들이 들으면 배가 아플 거라고? 그럴 수도 있지만 경제가 회복되기를 원한다면 마음껏 소비하라고 부추기는 게 좋아. 불황 탈출을 위해서는 돈이 많은 사람들이 소비를 늘리는 것이 도움이 되거든.

가격이 올랐어, 더 팔래

이번에는 아이스크림을 만들어 시장에 내놓는 공급자의 입장이 되어 보자. 아이스크림 1개 가격을 두 배로 올려서 받을 수 있다면 생산자 입장에서는 팔수록 이윤이 더 커지니까 더 만들어 팔려고 할 거야. 그렇게 되면 시장에서의 공급은 당연히 늘어나겠지. 그런데 가격이 현재 가격의 50퍼센트로 내려가면 무슨 일이 벌어질까? 아이스크림 생산 기업의 이윤이 줄어들 테니 우선 줄일 수 있는 비용부터 줄일 거야. 그리고 아이스크림 재료비를 비롯해서 꼭 필요한 비용을 따져 보고 500원에 팔아도 이윤이 생기면 아이스크림 생산을 계속해. 이윤이 남지 않으면 손해를 감수하든지 생산을 중단하든지 선택해야 돼. 생산을 중단하는 기업이 생기면 시장에서의 아이스크림 공급은 줄어들어.

이처럼 재화와 서비스를 팔려는 공급도 가격에 따라 그 양이 달라져. 어떤 가격에 공급자가 판다고 하는 재화나 서비스의 양을 공급량이라고 해. 가격이 상승하면 공급량이 증가하고, 가격이 하락하면 공급량은 감소하지. 이처럼 가격과 공급량은 같은 방향으로 움직이게 되는데, 이런 현상을 공급의 법칙이라고 한단다. 공급의 법칙도 그래프를 보면 금방 이해할 수 있어.

1개 1000원인 아이스크림을 하루에 1000개씩 파는 시장에서 아이스크림 가격이 500원으로 내려갔어. 그래서 이윤이 남지 않는 생산자들이 공급을 줄여서 공급량이 750개가 되었어. 반대로 아이스크림 가격이 2000원으로 올라가 공급량이 늘어나서 하루에 1500개로 늘어났다고 하자. 이걸 그래프로 옮겨 볼까?

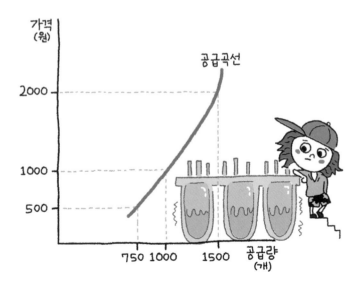

이렇게 가격과 공급량의 관계를 나타낸 그래프를 공급곡선이라고 해. 보는 것처럼 공급곡선은 오른쪽으로 갈수록 올라가는 곡선이지. 공급의 법칙도 수요의 법칙처럼 시장에서 이루어지는 대부분의 거래에 들어맞아.

무슨 일이든지 예외가 있기 마련이야. 베블런 효과를 노리는 명품 상품들은 흔해지면 상표 가치가 떨어져서 사람들이 외면해. 그래서 명품을 생산하는 기업들은 가격이 오른다고 공급량을 늘리지 않고 일정한 수량만 만들기 때문에 공급의 법칙이 적용되지 않아.

독과점 공급자들이 자기들에게 유리한 가격을 유지하기 위해 상품의 공급량을 조절하는 경우에도 공급의 법칙은 적용되지 않지. 가장 대표적인 상품이 원유야. OPEC(석유수출국기구)에 속한 국가들이 서로 담합하여 석유 생산량을 줄이면 국제 석유 가격은 갑자기 폭등해. 이들 국가들은 가격이 오른다고 공급량을 늘리는 것이 아니라 석유 공급량을 제한해서 계속 높은 가격을 유지하려고 해.

공급의 법칙이 적용되지 않는 또 다른 경우는 노동시장이야. 생산을 하는 데 필요한 사람의 정신적·육체적 모든 능력을 노동이라고 하는데, 노동시장이란 이러한 노동이 거래되는 시장을 말해. 노동시장의 공급자는 일자리를 구하려는 사람이고, 수요자는 일할 사람을 구하려는 기업이지. 사람들이 임금만 보고 일할 곳을 결정하는 건 아니지만 임금이 직장을 고를 때 가장 중요한 요소 중 하나인 것은 틀림없는 사실이야. 사람들은 임금이 높은 직장을 원하고, 더 많은 돈을 벌기 위해 임금을 더 주면 일하는 시간이 늘어나더라도 기꺼이 일을 해. 그러니까 얼핏 생각하면 노동시장에서도 공급의 법칙은 적용되는 것 같아. 그러나 노동의 공급곡선은 공급의 법칙이 적용되는 경우의 공급곡선과는 좀 달라. 우선 노동의 공급곡선을 그림으로 보여 줄게.

이 그래프를 보면 처음에는 임금이 올라가면 사람들은 일하는 시간을 늘려. 그러나 일정한 시간 이상이 되면 임금이 올라도 일

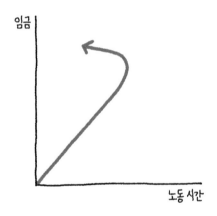

하는 시간을 늘리지 않고 오히려 줄이려고 해. 왜 그럴까? 살기 위해 돈을 버는 것이지 돈을 벌기 위해 사는 건 아니거든. 사람에게 주어진 시간은 하루 24시간으로 정해져 있기 때문에 일하는 시간을 무한정 늘릴 수 없어. 건강을 유지하려면 잠도 자고 편히 휴식을 취해야 하고, 좋아하는 일을 하거나 가족이나 친구와 함께 보낼 시간도 필요하니까. 그래서 소득이 늘어나 생활하는 데 필요한 만큼의 돈을 벌면 돈보다는 삶의 질을 더 중요하게 여기게 되지. 돈을 더 버는 것보다 여가 시간을 더 갖는 것을 원하게 되면 임금이 오를수록 원하는 만큼의 돈을 버는 데 더 적은 시간이 필요하니까, 일하는 시간을 줄이려는 현상이 나타나는 거야.

노동의 공급곡선의 특성을 알면 최근에 왜 워라밸에 대한 관심이 높아졌는지 이해가 될 거야. 워라밸(Work-Life Balance)이란 일과 삶의 균형을 뜻하는 말이야. 열심히 일하고 능력을 인정받아서 직장에서 성공하기보다 돈은 적당히 벌고 소박하더라도 자신이 원하는 삶을 살기를 희망하는 거지.

혹시 어릴 때 읽었던 책 중에서 앤서니 브라운의 《고릴라》라는 그림책을 기억하니? 앞부분에 보면, 아빠는 한나랑 동물원에 가서 고릴라를 볼 시간이 없어. 너무 바빠서 도통 시간을 낼 수 없거든. 아빠는 한나가 학교에 가기도 전에 출근하고, 퇴근해서도 일만 했다고 나와. 한나가 말을 걸면 아빠는 주말에 이야기하자고 미루지만 주말이 되면 너무 지쳐서 아빠와 한나는 아무것도 함께할 수 없었어. 어쩌면 너도 한나처럼 일하느라 지친 아빠를 보고 속상했던 적이 있을지도 몰라.

현재 일하고 있는 노동자들을 세대별로 베이비붐세대(1955~1964년생), X세대(1965~1979년생), Y세대(1980~1995년생)로 분류할 수 있어. 베이비붐세대는 《고릴라》 그림책에 나오는 한나의 아버지처럼 가족보다 일을 중요시하고, 돈을 많이 버는 것을 성공의 기준으로 여겼어. 그러나 한나처럼 이런 부모에게 서운함을 느끼며 자라난 Y세대는 많은 돈을 버는 일보다 시간적 여유와 화목한 가정생활을 더 중요하게 생각해. 전체 근로자 중 Y세대의 비중이 높아지면서 워라밸을 추구하는 사람들이 늘어나는 현상이 생긴 거야. 워라밸이 중요한 사람들은 직장 일로 너무 지쳐서 아무것도 할 수 없다면 '좋은 삶'을 찾기 위해 과감하게 사표를 내고 떠나. 그래서 가족의 생활비를 벌기 위해 기꺼이 자신의 삶을 희생했던 부모 세대와 갈등을 일으키기도 하지.

노동의 공급곡선을 말하면서 이야기가 삼천포로 빠져 버렸네. 자, 수요의 법칙과 공급의 법칙을 이해했으면 이제 이 두 법칙이 만났을 때 어떤 일이 벌어질지 알아보기로 하자.

수요와 공급의 하모니: 시장가격과 균형거래량

　수요의 법칙과 공급의 법칙을 합쳐 보자. 가격이 올라가면 수요량은 줄어들고 공급량은 늘어나는 반면, 가격이 내려가면 수요량은 늘어나고 공급량은 줄어들어. 이제 시장에서 가격이 어떻게 결정되는지 이해하기 위해 수요의 법칙과 공급의 법칙을 설명할 때 그렸던 수요곡선과 공급곡선을 한곳에 합쳐 볼게. 그럼 이런 그래프가 될 거야.

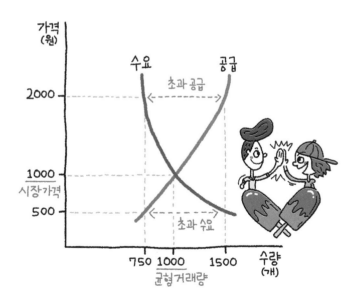

그래프에서 보는 것처럼 아이스크림 가격 1000원은 수요량과 공급량이 일치할 때 가격이야. 이런 가격을 시장가격 또는 균형가격이라고 하지. 또 시장가격에서 거래되는 상품의 거래량을 균형거래량이라고 해. 시장가격에서는 수요자와 공급자 모두 원하는 양을 거래할 수 있어.

만약에 아이스크림 가격이 1000원보다 높거나 낮으면 어떤 일이 생길까? 아이스크림 가격이 500원이라고 하자. 이럴 때의 공급량은 750개가 되고 수요량은 1500개이지? 그러니까 아이스크림을 산다는 수요량이 판다는 공급량보다 많아. 이처럼 공급량보다 많은 수요량을 초과수요라고 해. 초과수요가 생기면 값을 더 치르고라도 아이스크림을 사려는 수요자가 나타나게 되어 가격은 올라가게 돼. 가격이 1000원이 되면 초과수요는 모두 사라지게 되고, 가격이 오르는 일은 멈추게 되지.

만약 아이스크림 가격이 2000원이면? 공급량은 1500개가 되고 수요량은 750개야. 아이스크림을 판다는 공급량이 산다는 수요량보다 많아. 이처럼 수요량보다 많은 공급량을 초과공급이라고 해. 초과공급이 생기면 공급자들은 가격을 낮추어서라도 팔기를 원하니까 아이스크림 팔기 경쟁이 벌어져 가격이 내려가게 돼. 그러다 가격이 1000원이 되면 초과공급이 사라지게 되니까 더 이상 가격이 내려가지 않아.

그러니까 가격이 수요량과 공급량이 일치하는 지점의 가격보다 높거나 낮으면 시장에서는 수요량과 공급량이 일치하는 지점의 가격이 될 때까지 가격이 오르거나 내리게 되어 결국 시장가격에서 거래가 이루어지게 되는 거야. 이렇게 시장에서 수요와 공급이 일치하는 점에서 시장가격과 균형거래량이 결정된다는 원칙을 수요공급의 법칙이라고 해.

가격 및 수요와 공급에 대한 연구를 하여 이론으로 처음 발표한 사람은 1842년 영국에서 출생하여 케임브리지대학의 교수를 지냈던 앨프리드 마셜(Alfred Marshall)이야. 1890년에 출판된 그의 저서 《경제학 원리(Principles of Economics)》에서 소개된 내용이지. 위키미디어에서 찾은 자료 하나를 보여 줄게. 마셜의 《경제학 원리》 1895년 판에 나오는 수요와 공급, 시장가격과 균형거래량을 보여 주는 그래프야. 가격 및 수요와 공급에 대한 설명에서 항상 우리가 보게 되는 그래프의 원조라고나 할까?

앨프리드 마셜이 밝혀낸 수요와 공급, 시장가격과 균형거래량에 대한 이론은 대부분의 경우에 들어맞는 법칙임에는 틀림없어. 그러나 우리가 지불하는 많은 가격들이 모두 재화와 서비스의 수요와 공급이 일치하는 점에서 결정되는 건 아니야. 왜냐하

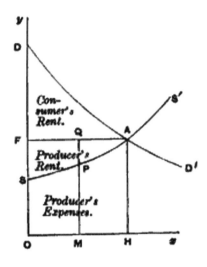

DD' : 수요곡선
SS' : 공급곡선
Consumer's Rent. : 소비자잉여
Producer's Rent. : 생산자잉여
Producer's Expenses : 생산자비용
A : 균형점

면 수요공급의 법칙은 완전경쟁시장에서만 온전하게 적용할 수 있는데, 우리가 거래하는 시장들은 대부분 불완전경쟁시장이거든. 실제 시장에서 붙여진 가격표의 가격이 언제나 경제학에서 말하는 시장가격일 수는 없다는 거야. 그렇다고 OX 시험에 '시장가격과 균형거래량은 시장에서 수요와 공급이 일치하는 점에서 결정된다.'라는 문제에 X라고 답하면 안 돼!

4장

수요와 공급이 춤추면
가격도 춤을 춰

수요량과 수요는 달라, 엄연히

수요공급의 법칙을 온전히 적용할 수 있는 시장은 완전경쟁시장이야. 하지만 수요의 법칙과 공급의 법칙은 거의 모든 시장에서 적용돼. 그래서 수요와 공급이 변하면 가격은 변하기 마련이야.

가격이 왜 변하는지를 우선 수요의 측면에서부터 살펴보자. 수요의 변화는 수요량의 변화와는 다른데 어떻게 다른지 이해하려면 수요와 수요량의 차이점부터 알아야겠다. 수요는 다양한 가격에서 소비자가 구매할 의사와 능력이 있는 수량, 즉 모든 가격대에서 사려는 수량을 말하고, 수요량은 특정 가격대에서 실제로 살 수 있는 수량이야. 수요량 전체를 잇는 선이 수요라고 할 수 있지. 500원, 1000원, 2000원 등 가격이 달라지는 데 따라 아이스크림을 사려는 욕구, 즉 수요가 달라지고 실제로 돈을 지불하고 아이스크림을 구매한 양인 수요량도 달라져. 수요량의 변화는 이렇게 가격이 달라져 실제로 소비하는 수량이 변하는 것을 말해. 그래프에서 보는 것처럼 수요량의 변화는 가격이 올라가서 수요량이 적어지거나 가격이 내려서 수요량이 많아지는 경

〈 수요량의 변화 〉

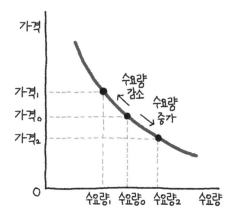

우처럼 수요곡선 안에서 움직임이 생긴 거야.

구체적인 예를 들려주면 좋겠다고? 학교에서 집으로 오는 중에 갑자기 초콜릿이 먹고 싶어져서 편의점에 들렀어. 평소에 좋아하는 초콜릿을 하나만 사야지 했는데, 2+1 이벤트를 하는 거야. 1000원을 주면 1개만 살 수 있는데, 2000원을 주면 3개를 살 수 있으니 갈등이 생겼어. 3개에 2000원이면 1개에 667원인 셈이라 1개만 사면 손해 보는 느낌이 들었거든. 결국 2000원을 주고 3개를 샀어. 초콜릿 1개 가격이 1000원일 때 너의 수요량은 1개였는데, 가격이 667원이 되니 3개가 되었어. 가격이 싸지니까

수요량과 수요는 달라. 엄연히

수요량이 늘어난 거지.

　또 잠시 삼천포로 빠지는 이야기를 하나 할까? 너도 항상 새해가 되면 늦잠을 자지 않는다, 독서를 많이 한다, 게임하는 시간을 줄인다 등 새로운 각오를 하지? 일주일도 안 돼서 흐지부지되지만 말이야. 어른들도 마찬가지로 새해가 되면 새로운 각오를 많이 하지. 주로 규칙적인 운동을 한다, 몸에 해로운 술을 줄인다, 담배를 피우지 않는다 등 건강을 위한 결심을 많이 해. 그래서 해마다 1월이 되면 약국에서 갑자기 금연을 도와주는 제품의 판매량이 늘어난대. 다이어트를 할 때 눈앞에서 음식이 왔다 갔다 하듯이 금연을 결심하면 담배 생각이 더 간절해져서 금연초와 금연패치 같은 금연보조제 등 담배를 끊는 데 도움을 주는 제품을 원하는 사람들이 많아지거든.

　그런데 정부가 국민 건강을 위해 담배 소비를 줄이려고 담배 가격을 올려서 수요량을 줄이려고 한 적이 있어. 2015년 1월에 모든 담배의 가격을 1갑당 2000원씩 올리기로 한 거야. 알고 보면 담배를 살 때는 담배 자체의 가격보다 담배를 살 때 내는 간접세와 부담금 액수가 더 많아. 담배가 1갑에 2500원이었을 때 세금과 부담금이 담배 가격의 62퍼센트인 1550원이었는데, 4500원으로 가격을 올리니까 73.7퍼센트인 3318원이 되었어. 그래서 국민 건강을 지키기 위함이 아니라 세금을 더 걷기 위해서 가격을 인상했다고 불만을 터뜨리는 사람도 많았지. 목적이 무엇이었든 담배 가격을 올리자 담배의 수요량은 줄어들었다고 해.

삼천포로 빠지는 줄 알았더니 결국은 수요량의 변화를 이야기한 것이었다고? 맞아. 사람들은 경제를 부자가 되기 위해 필요한 지식이라고 오해하고 있어. 그러나 돈을 벌고 불리는 기술인 재테크는 경제라는 큰 울타리의 한 귀퉁이를 차지하는 아주 작은 부분에 불과해. 가격 및 수요와 공급에 대한 이론을 처음 밝혔던 앨프리드 마셜은 1903년 케임브리지 대학에서 세계 최초로 윤리학과에서 분리하여 경제학과를 새로 만드는 데 앞장섰어. 그는 영국의 공업화로 인해 부자와 가난한 사람들의 생활수준의 차이가 커지자 가난한 사람들의 생활수준을 높이는 방안을 고민하다가 경제학에 관심을 갖게 되었지. 가난한 사람을 도우려면 경제 문제를 제대로 알려 주는 학문이 필요하다고 생각했기 때문이야. 그는 경제학을 연구하는 사람은 '냉철한 머리와 따뜻한 가슴'을 가져야 한다고 강조했어. 냉철한 머리로 과학적 분석을 하며 경제 문제를 다루어야 하지만, 따뜻한 가슴을 잃지 말아야 문제에 대한 제대로 된 해결 방안을 찾아낼 수 있다는 거지. 어때, 모두가 행복한 사회를 만들기 위해 경제에 관심을 가져

야겠다는 생각이 드니?

　알고 보면 우리는 경제에 둘러싸여서 살고 있어. 아침에 눈을 떠서 밤에 잠드는 순간까지의 모든 활동은 다 경제활동이라고 할 수 있거든. 실제 생활에서 벌어지는 일들을 경제라는 눈으로 살피고 분석해 보면 경제의 움직임을 파악하는 힘이 생기면서 경제가 아주 재미있다는 걸 알게 될걸.

잠시 이야기가 옆길로 샜는데, 이제 수요의 변화로 돌아가자. 수요량의 변화는 수요곡선 자체는 변하지 않고 수요곡선 안에서 움직임이 일어난 거라고 했어. 그런데 가격이 아닌 다른 요인으로 인해서 상품이 더 잘 팔리게 되거나 갑자기 팔리지 않는 일은 자주 생겨. 지난여름의 폭염으로 생긴 수요의 변화를 찾아보기로 할까? 아무리 놀이공원을 좋아하더라도 폭염 특보가 내린 날, 사람들은 야외 놀이공원에 가서 땀을 뻘뻘 흘리며 놀이기구를 타려고 하지는 않을 거야. 놀이공원의 입장료는 변함이 없는데, 다시 말하면 가격은 변하지 않았지만 놀이공원 입장권의 수요량은 줄어들었어. 가격이 아닌 폭염이 수요를 줄어들게 한 거야. 반대로 더워서 집에서 음식 만들기가 고역이 되자 배달 음식을 시켜 먹는 일은 늘어났어. 가격이 내려간 것도 아닌데 배달 음식의 수요량이 늘어난 것은 폭염으로 인해 배달 음식에 대한 수요 자체가 늘어났기 때문이지. 이렇게 수요 자체가 변하여 수요곡선의 이동이 생긴 것을 수요의 변화라고 해. 정리해서 말하면 수요의 변화는 가격을 제외한 다른 요인으로 인해 소비자의 상품에 대한 소비 태도가 변해서 수요곡선이 이동하는 거야.

수요량과 수요는 달라, 엄연히

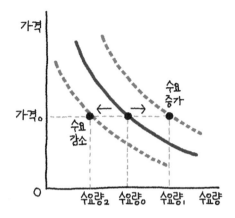

〈 수요의 변화 〉

그래프에서 보는 것처럼 수요가 증가하면 수요곡선은 오른쪽으로 이동해. 그러면 같은 가격에서의 수요량은 늘어나. 반대로 수요가 감소하면 수요곡선은 왼쪽으로 이동하고, 같은 가격에서 수요량은 줄어들지.

그렇다면 수요의 증가와 감소는 시장가격과 균형거래량에 어떤 영향을 미칠까?

공급곡선에는 변화가 없고, 수요곡선이 오른쪽으로 이동하면 시장가격은 올라가고 균형거래량은 늘어나. 아까 폭염으로 배달 음식에 대한 수요가 증가했다고 했지? 폭염으로 배달 음식 주문이 늘었다고 당장 가격이 올라가는 건 아니야. 하지만 폭염이 일시적인 현상이 아니라 계속되어 수요의 증가가 지속되면 결국 배달 음식 가격은 올라가게 돼. 반대로 수요곡선이 왼쪽으로 이동하면 시장가격은 내려가고 균형거래량은 줄어들지.

〈 공급곡선은 그대로이고, 수요곡선이 오른쪽으로 이동할 때 〉

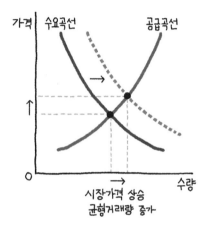

〈 공급곡선은 그대로이고, 수요곡선이 왼쪽으로 이동할 때 〉

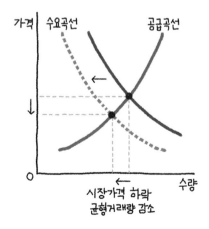

이처럼 수요가 증가하거나 감소하면 시장가격이 오르내리고, 균형거래량이 늘어나거나 줄어드는 변화가 일어나.

소비자들의 관심에서 멀어져 제품에 대한 수요곡선이 왼쪽으로 이동하여 시장가격이 내려가고 거래량이 줄어들어 이윤을 내지 못하면 이를 생산하는 기업은 생산을 중단하고 문을 닫게 돼. 132년 전통의 세계적인 필름제조사인 코닥이 디지털 카메라가 인기를 끌면서 카메라 필름에 대한 수요가 변하는 데 적절히 대응하지 못하고 2012년 파산보호신청을 한 것처럼 말이야.

그런가 하면 수요곡선을 다시 오른쪽으로 이동시켜 파산 직전에서 부활한 기업도 있어. 너도 레고 블록을 많이 가지고 놀았지? 1934년 덴마크에서 설립된 레고가 만든 조립식 블록은 덴마크 어린이는 물론 세계 어린이들의 장난감이었어. 그러나 레고 블록에 대한 수요가 줄어들면서 회사는 1998년 최대의 손실을 기록했고, 2004년에는 파산 위기에 처했지. 다행히 2005년부터 레고는 예전에 인기를 끌었던 레고시티를 다시 살려 레고 블록에 대한 수요를 되찾았고, 2011년부터 닌자고 시리즈를 선을 보여 레고 블록에 대한 수요곡선을 오른쪽으로 이동시키는 데 성공하면서 되살아날 수 있었어.

내가 바로 수요를 바꾸는 재주꾼

폭염은 놀이공원 입장권이나 배달 음식의 수요에 영향을 주었어. 이처럼 수요에 영향을 주는 요인에는 어떤 것들이 있을까? 수요에 영향을 주는 요인으로는 소득, 취향의 변화, 대체재 또는 보완재의 가격, 사람들의 기대나 예상, 전체 소비자의 수 등을 들 수 있어.

아이스크림을 예로 들어 살펴보자. 사람들의 소득이 증가하면 아이스크림의 소비는 어떻게 변할까? 주머니 사정이 좋아지면 쓸 돈이 늘어나니까 아이스크림 소비도 늘어날 거야.

다음으로 취향의 변화. 더위가 심하면 사람들은 차가운 음식을 더 먹고 싶어 해. 그럼 아이스크림의 수요는 늘어날 거야. 실제로 폭염이 기세를 떨친 지난여름의 아이스크림 소비량은 그전해 여름에 비해 늘었다고 해. 그런데 건강을 중시하는 경향이 커지면서 아이스크림이 비만이나 충치를 일으킬 수 있다고 되도록 먹지 않는 쪽으로 기호가 바뀌면? 맞아. 아이스크림 수요는 줄어들게 되지. 이처럼 취향의 변화는 수요곡선을 이동하게 만들어. 축구를 좋아하는 사람이 많아지면 축구용품이 많이 팔리고, 야구를 좋아하는 사람이 늘어나면 야구용품이 많이 팔리는 것도 취향의 변화가 수요에 영향을 준 경우라고 할 수 있지. 담배 소비를 줄이기 위해 2015년 정부가 담배 가격을 인상한 일은 수요량의 변화를 꾀한 것이야. 그런데 흡연이 암을 일으키는 가장 주된 범인임을 알려 담배 소비를 줄이려는 것은 담배에 대한 취향을 변화시켜 수요를 줄이려는 거지.

이제 대체재와 보완재의 영향을 알아보자. 대체재와 보완재가 무엇이냐고? 대체재는 닭고기와 돼지고기, 버터와 마가린처럼 서로 대신 쓸 수 있는 관계에 있는 두 가지 재화를 말해. 카레라이스 재료로 돼지고기를 사려 했는데 돼지고기 가격이 너무 올랐어. 대신 닭고기를 넣고 만들기로 마음을 바꾸고 닭고기를 샀어. 이처럼 한 재화의 가격이 올라갈 때(내려갈 때) 다른 한 재화의 수요가 늘어나면(줄어들면) 두 재화는 서로 대체재야. 합리적인 선택을 원하는 사람들이 생활에서 대체재를 찾는 경우는 아주 많으니까 동영상을 찾아보자. 검색어를 대체재라고 치고 적당한 영상을 찾으면 보여 줄게. 아, 있다. 무슨 말을 하는지 들어 봐.

앵커 : 열무와 얼갈이배추 가격도 작년보다 소폭 상승했지만, 배

내가 바로 수요를 바꾸는 재주꾼

추 가격이 워낙 비싸다 보니 값이 절반 이상 저렴한 얼갈이배추와 열무가 대체재로 떠오르면서 작년보다 2~3배 더 팔리는 추세입니다.

소비자 : 배추가 한 통에 1만 원 정도나 하니까, 열무랑 얼갈이배추를 섞어서 담그고 있죠. 맛에 큰 차이는 없어요.

이제 대체재가 무엇인지 확실히 알겠지?

대체란 어떤 것을 다른 것을 대신하여 사용한다는 말인데, 보완이란 모자라거나 부족한 것을 보충하여 완전하게 하는 거지. 그러니까 보완재는 서로 보완 관계에 있는 재화야. 달달한 커피를 좋아하는 사람은 커피를 탈 때 설탕을 넣어. 바느질을 할 때는 바늘과 실이 반드시 있어야 하지. 커피와 설탕, 바늘과 실, 책상과 의자, 자동차와 휘발유처럼 두 가지 이상의 재화가 함께 사용되어야 더 큰 만족을 주거나 쓰임이 있는 재화를 보완재라고 해. 한 재화의 가격이 올라갈 때(내려갈 때) 다른 한 재화의 수요도 줄어들면(늘어나면) 두 재화는 서로 보완재야. 그러니까 대체재와 보완재의 가격이 변하여 수요에 영향을 주면 수요곡선은 이동하게 된단다.

대체재와 보완재의 뜻을 이해했으면 무엇이 아이스크림의 대체재일지 생각해 볼래? 얼음과자나 팥빙수, 슬러시를 아이스크림의 대체재라고 말하는 걸 보니 제대로 이해했군. 어른들에게는 시원한 아이스커피도 아이스크림의 대체재가 될 수 있어. 그러니까 깜짝 할인이라도 해서 이런 것들의 가격이 내려가면 아이스크림의 수요는 줄어들겠지. 음, 아이스크림을 먹을 때 언제나 함께 먹는 음식은 뭐지? 특별히 떠오르는 게 없네. 아이스크림의 보완재라고 할 수 있는 재화는 없나 봐.

다음으로 사람들의 기대나 예상은? 우유 가격이 올라서 아이스크림 가격이 오를 거라는 뉴스가 나왔다면 아마도 사람들은 가격이 오르기 전에 아이스크림을 사서 냉동실에 넣어 두려고 할 거야. 이런 경우 수요곡선이 오른쪽으로 이동하면서 거래량이 늘어나겠지?

마지막으로 전체 소비자의 수가 수요에 주는 영향은? 아이스크림을 주로 사는 층은 어른보다는 어린이나 청소년들이야. 그런데 한국의 출산율이 급격하게 떨어지면서 어린이나 청소년의 수가 계속 줄고 있어. 중학생의 수를 보면 2013년 약 180만 명이었는데 2018년에는 약 130만 명일 정도로 줄어들었지. 이렇게 아이스크림을 주로 사는 층의 인구가 줄어들자 실제로 한국의 아이스크림 수요는 계속 줄고 있단다.

공급량과 공급은 달라, 암 그렇고말고

이번에는 공급의 변동에 대해서 알아볼까? 수요의 변화와 수요량의 변화가 어떻게 다른지 알았으니 공급의 변화와 공급량의 변화의 차이는 금방 이해할 거야.

공급은 모든 가격대에서 공급되는 수량을 말하고, 공급량은 특정 가격대에서 실제로 공급되는 수량으로, 공급량 전체를 잇는 선이 공급이야. 그러니까 공급량의 변화는 가격이 달라져 실제로 공급하는 수량이 변하는 것을 말해. 그래프에서 보는 것처럼 공급량의 변동은 상품 가격이 달라져서 공급자가 판매하려고 하는 구체적인 수량이 변동하는 것이므로, 공급곡선 안에서 움직임이 생긴 거야.

혹시 전세 대란이라는 말을 들어 보았니? 전세 대란은 전세로 빌릴 수 있는 집이 부족하여 큰 난리가 난 걸 말해. 한국에서 자기 집에서 사는 가구의 비중은 절반이 조금 넘지만 집값이 비싼 서울이나 수도권에서는 절반에도 못 미쳐. 서울과 수도권에 사는 사람의 절반 이상이 빌린 집에서 살고 있는 거지. 전세는 집

〈 공급량의 변화 〉

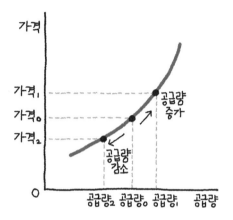

주인에게 일정한 금액의 보증금을 주고 집을 빌린 것이고, 월세
는 집을 빌린 대가를 매달 내는 것을 말하는데, 전세로 빌릴 때
보다 훨씬 적은 보증금을 맡기고 매달 일정한 대가를 주는 보증
부월세도 월세로 봐.

2000년 이전에는 전세로 집을 빌리는 비중이 월세로 빌리는
비중보다 많았어. 그런데 금리가 낮아지는 일이 계속되면서 전
세 보증금을 예금하면 받을 수 있는 이자가 줄어들자 집주인들
은 전세 대신 월세로 집을 빌려주기를 원하게 되었지. 전세 시장
에서 공급량이 줄어들게 되었으니 2004년부터 전세 보증금 가

격이 자꾸만 올라가기 시작하더니 2010년 이후에는 더욱 가파르게 올랐어. 뿐만 아니라 공급량은 급격히 줄어들어 거의 집값에 달하는 보증금을 준다고 해도 집을 구하기 힘든 전세 대란이 일어난 거야. 공장에서 생산 시간을 늘리면 공급량을 쉽게 늘릴 수 있는 상품과 달리 부동산은 공급량을 늘리는 일이 쉽지 않아. 땅과 같은 자원은 한정되어 있고, 집을 지으려면 꽤 긴 시간이 필요하거든. 그래서 부동산의 경우는 공급량이 부족하면 가격이 오르는 폭이 커.

농수산물이나 천연자원과 같은 상품도 태풍이나 가뭄 등 기후에 따라 공급량이 심하게 달라져 가격에 큰 영향을 끼치게 되는 일이 자주 생겨. 대표적인 예로 2005년 허리케인 카트리나로 인한 석유 가격의 상승을 들 수 있어. 2005년 8월 미국 남부지역에 몰아친 허리케인 카트리나로 사망한 사람은 1천여 명에 이르고 집과 도로, 통신망 파괴 등으로 입은 재산 피해도 3500억 달러에 달할 정도로 어마어마했지. 그런데 허리케인 카트리나의 피해는 미국 남부지역 사람들만 힘들게 한 것이 아니라 전 세계 사람들을 힘들게 만들었어. 카트리나로 석유 공급량이 줄어들자 국제 유가가 올라서 그와 관련되는 다른 제품의 가격이 전반적으로 오르게 되었거든. 이로 인해 세계 모든 나라의 경제활동은

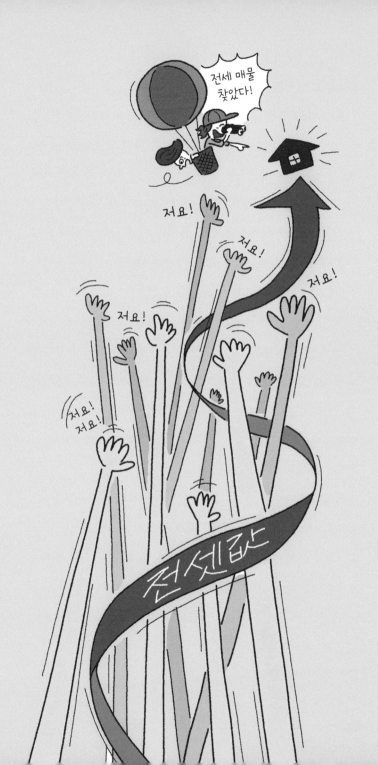

침체되었고, 세계 경제에는 먹구름이 끼었지.

왜 허리케인 카트리나가 국제 유가를 오르게 했을까? 국제원유시장에 가장 영향력이 큰 원유는 미국 서부 텍사스주와 뉴멕시코주 일대에서 생산되는 서부텍사스중질유, 영국과 유럽 대륙 사이의 바다 북해에서 생산되는 브렌트유, 중동의 아랍에미리트에서 생산되는 두바이유야. 이 원유 중 어느 하나의 생산이 줄어들면 세계적으로 원유 공급량에 차질이 생기면서 국제 유가가 오르게 돼. 카트리나로 미국 내 석유 생산량의 3분의 1을 차지하는 멕시코만 일대의 석유 시설이 막대한 피해를 입게 되자 2004년 말 배럴당 45달러 정도였던 서부텍사스중질유의 가격이 한때 배럴당 70달러가 넘을 정도로 심각한 상황이 되었지. 원유 가격이 올라가면 원유로 만들어지는 휘발유나 경유, 등유 등의 가격은 물론이고 원유를 기초 원료로 하는 모든 석유화학 제품의 가격도 올라갈 수밖에 없어.

허리케인 카트리나는 원유 가격뿐만 아니라 옥수수 가격에도 영향을 끼쳤어. 카트리나로 큰 피해를 입은 뉴올리언스는 미국 옥수수 수출의 중요한 창구거든. 일본은 주로 이곳에서 옥수수를 수입했는데, 뉴올리언스에서 옥수수를 수입하지 못하게 되자 남아프리카에서 옥수수를 사들였어. 그러자 2004년 10월 1킬로그램당 13센트이던 남아프리카의 옥수수값은 2005년에 두 배가 넘는 32센트로 껑충 뛰었지. 이로 인해 하루 1달러 이하로 생활하는 국민이 60퍼센트가 넘는 말라위에서는 굶주리는 사람들이 속출했단다. 2005년 가뭄으로 말라위의 옥수수 수확량은 전체 수요량의 40퍼센트 정도에 그쳤는데, 옥수수 가격이 두 배가 넘게 뛰었으니 말라위 사람들은 주린 배를 움켜잡고 한숨만 내쉬었어. 가슴 아픈 이야기지?

무역이 발달하면서 세계가 하나의 시장이 되다 보니 허리케인 카트리나처럼 멀리 떨어진 다른 지역에서 일어난 일이 우리가 필요로 하는 상품의 가격에 영향을 주는 경우도 허다해.

자자, 따뜻한 가슴에만 머물지 말고 다시 냉철함을 찾자. 지금까지 살펴본 사례들은 공급곡선은 그대로이고, 공급곡선 안에서 가격이 변하며 움직임이 일어난 경우야. 공급량의 변화에 대한 것이었지. 그런데 가격을 제외한 다른 요인이 변하면서 공급이 변동하고 공급곡선 자체가 이동하는 것은? 맞아. 공급의 변화야. 공급량의 변화는 하나의 공급곡선 안에서 움직이는 것, 공급의 변화는 공급곡선 자체가 움직이는 것. 한번 머리에 새겨 두면 두고두고 꺼내 쓸 수 있어. 그래프로 보면 완벽하게 기억될 수 있겠다고? 좋아, 같이 보자.

〈 공급의 변화 〉

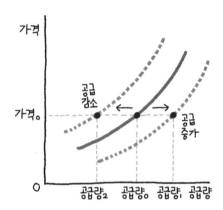

〈 수요곡선은 그대로이고,
공급곡선이 오른쪽으로 이동 〉

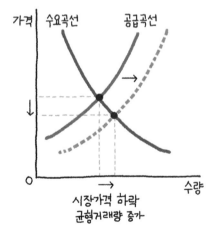

〈 수요곡선은 그대로이고,
공급곡선이 왼쪽으로 이동 〉

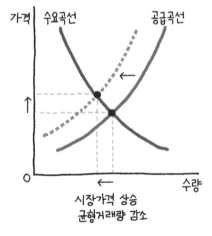

4장 수요와 공급이 춤추면 가격도 춤을 춰

다시 한 번 강조하지만, 공급이 증가하든 감소하든 변화가 생기면 공급곡선이 이동해. 그럴 때 가격은 어떻게 될까? 그리고 공급량은? 그래프에서 보는 것처럼 공급이 증가해서 공급곡선이 오른쪽으로 이동하면 같은 가격에서의 공급량은 늘어나. 그와 반대로 공급곡선이 왼쪽으로 이동하면 같은 가격에서의 공급량은 줄어들고 말이야.

수요곡선의 이동과 마찬가지로 공급곡선도 이동하면 시장가격과 균형거래량이 변해. 공급의 증가와 감소는 시장가격과 균형거래량에 어떤 영향을 미치는지 알아보자.

그래프에서 보듯이, 수요곡선은 그대로인데 공급곡선이 오른쪽으로 이동하면 시장가격은 내려가고 균형거래량은 늘어나. 반대로 공급곡선이 왼쪽으로 이동하면 시장가격은 올라가고 균형거래량은 줄어들지.

가격, 수요와 공급, 거래량 이런 낱말들이 계속 나오니까 머리가 아프지? 잠시 쉬면서 게임 이야기나 하자. 난 블루마블이라는 보드게임을 좋아해. 경제에 관심이 많은 사람이 좋아할 만한 게임이라고? 너도 게임을 좋아하지? 친구들과 함께 보드게임을 하거나 컴퓨터나 스마트폰에서 즐길 수 있는 게임을 하다 보면 시간이 어떻게 가는지 모를 거야. 기업들도 게임을 벌일 때가 있어. 그런데 즐기기 위한 게임이 아니라 게임을 벌이는 상대방 기업을 파산시켜야만 끝나는 살벌한 게임이지. 대표적인 사례가 2000년대 한국, 일본, 독일, 미국 기업들이 벌였던 반도체 시장에서의 '치킨게임'이야.

치킨게임이라는 말은 1950년대 미국 젊은이들이 충돌을 무릅쓰고 서로를 향해 차를 몰며 돌진하는 게임에서 나왔어. 치킨이란 겁쟁이를 뜻해. 이 게임을 할 때 둘 다 차의 핸들을 꺾지 않고 충돌하면 결국 둘 다 죽어. 겁에 질린 사람이 먼저 핸들을 꺾으면, 다른 사람은 승리자가 되며 둘 다 살게 돼. 이럴 때 핸들을 꺾은 사람이 겁쟁이, 즉 치킨이 되는 거야.

치킨게임을 벌일 때 기업들은 상품의 공급을 늘려 공급곡선을 오른쪽으로 이동시켜. 그럼 시장가격은 하락하고 균형거래량은 늘어나지. 시장가격이 생산비용을 충당하지 못할 정도로 내려가면 치킨게임에 참여하는 기업들은 모두 손실을 입어. 거래량이 늘어날수록 손실은 커지고, 손실을 견디지 못하고 생산을 중단하는 기업이 생기게 돼. 그러면 공급이 줄어들게 되어, 공급곡선이 왼쪽으로 이동하게 되지. 치킨게임을 하면 승리한 기업도 만만치 않은 손실을 보겠지만 결국 시장에서 경쟁자가 사라지니까 장기적으로는 이익이야. 그러니까 '최후의 승자'가 될 거라고 자신하는 기업은 일시적인 손실을 각오하며 게임을 시작하는 거야.

치킨게임을 벌였던 당시 반도체를 생산하는 기업들은 막대한 금액의 설비 투자를 하고 손해를 감수하면서까지 생산량을 늘려 반도체 가격을 하락시켰어. 그러다 2009년 독일의 키몬다 사는 결국 파산을 했고, 일본의 엘피다 사도 휘청거리다 미국의 마이크론 사에 합병이 됐지. 다행히 한국의 삼성전자와 하이닉스는 끝까지 버텨 최후의 승자가 되었어. 경쟁업체들이 사라지면서 세계 반도체 시장은 한국의 삼성전자와 하이닉스, 미국의 마이크론이 이끄는 과점시장으로 변했어. 치킨게임에서 살아남은 이들 기업은 공급을 적절히 조절하면서 엄청난 이익을 올릴 수 있게 되었단다.

하하, 게임 이야기인 줄 알았더니 사실은 공급곡선의 이동에 관한 이야기였다고? 내가 그랬잖아. 경제는 세상의 모든 일에 적용이 된다고. 그래도 게임할 때의 즐거움을 떠올리면서 머리가 좀 맑아졌지?

공급량과 공급은 달라. 암 그렇고말고

나야말로 공급을 바꾸는 재주꾼

그럼, 공급곡선 자체를 이동하게 만드는 요인은 무엇일까? 공급에 영향을 주는 요인은 생산비용, 생산기술, 대체재 또는 보완재의 가격, 전체 공급자의 수를 들 수 있단다.

우선 생산비용이 공급곡선을 이동하게 만드는 경우를 생각해 볼까? 아마도 아이스크림의 원료는 우유, 설탕, 달걀일 거야. 이런 원료 가격이 많이 올랐다고 하면 아이스크림의 생산비용이 증가해. 원료 가격이 일시적으로 올랐거나 상품의 가격을 올리지 않아도 아이스크림 회사의 이익이 조금 줄어드는 정도라면 공급에 큰 변화가 없겠지. 하지만 손해를 볼 정도라면 아이스크림 생산이 줄어들어 공급곡선은 왼쪽으로 이동하게 되고, 결국 아이스크림 가격은 올라갈 거야.

생산기술은? 기술이 발달하면서 사람이 일하는 대신 기계나 로봇이 일하는 영역이 점점 넓어지고 있어. 아이스크림 회사에서 생산방식을 바꾸어 기계나 로봇이 일하는 영역을 늘렸더니 전체적으로는 생산비용이 줄어들었어. 그럼 공급곡선은 오른쪽으로 이동하게 되고 아이스크림 가격은 내려가게 돼.

　대체재 또는 보완재의 가격은 수요뿐만 아니라 공급에도 영향을 미쳐. 만약 팥이나 커피 가격이 너무 올라서 아이스크림의 대체재인 팥빙수나 아이스커피 가격이 많이 올랐다고 하자. 그래서 아이스크림 회사들이 아이스크림을 찾는 수요가 늘 것을 기대하고 생산을 늘리면 공급곡선은 오른쪽으로 이동하게 될 거야.

　공장에서 아이스크림을 만들면서 대량 생산된 시기는 19세기부터야. 하지만 이탈리아에서는 이미 16세기부터 많은 사람들이 아이스크림을 즐겼다고 해. 이는 아이스크림을 만들기 위한 시설 마련은 어렵지 않다는 걸 말해 주지. 마음만 먹으면 작은 카페에서도 얼마든지 수제 아이스크림을 만들어 팔 수 있는 거야. 수제 아이스크림은 당연히 공장에서 대량으로 만든 아이스크림보다 비싸게 팔 거야. 그런데 이를 만들어 파는 카페가 늘어난다면 아이스크림 시장에 어떤 영향을 미칠까? 공급자가 늘어난 것과 같으니 아이스크림의 공급곡선은 오른쪽으로 이동하게 될 거야. 전체 공급자의 수가 공급곡선을 이동하게 만든 경우이지.

지금까지 수요와 공급이 변하면 시장가격이 변하고, 수요와 공급에 영향을 주는 요인들은 무엇인지 알아보았어. 수요와 공급이 춤추면 가격도 춤춘다는 게 맞는 말이지? 대부분의 경우 수요와 공급이 춤춘다고 해도 움직임이 비정상적일 정도로 크지 않으면 가격은 상품 가치와 크게 다르지 않은 범위에서 정해져. 그런데 시장에서 수요와 공급이 춤추는 것이 아니라 널을 뛰면 가격도 널을 뛰어. 비정상적으로 가격이 올라서 실질 가치보다 훨씬 높은 가격에서 거래가 이루어지면 거품이 생겼다고 해. 비누 거품이 터지면 흔적도 없이 사라지듯이 경제에서의 거품도 마찬가지야. 실제 가치보다 높은 가격에 거래되면서 생긴 거품은 결국 꺼지게 마련이야. 하지만 거품이 생기기 시작할 때는 거품이 생긴 걸 깨닫지 못하고 계속 수요가 생겨서 거품을 더욱 크게 만들지.

부동산 가격은 어떤 경우에 오를까? 자기가 살 집을 사는 사람들이 늘어서, 즉 실수요자가 많이 늘어 수요곡선이 오른쪽으로 이동하면 오르게 돼. 또 아파트나 빌딩 같은 건물을 짓는 데 필요한 토지 가격이나 원자재 가격이 오르면 생산비용이 늘어나니까 공급곡선이 왼쪽으로 이동하여 오를 수도 있어. 이렇게 정상적으로 가격이 오르면 거품이 생긴 것이 아니야.

그런데 부동산의 가치는 그대로인데 부동산을 사 두면 돈을 벌게 된다고 생각하고 집을 사는 사람들이 늘어나면 가격이 계속 오르면서 거품이 생겨. 사람들이 실제로 필요하지 않은 집이나 땅을 가격이 오를 거라고 기대하고 사들이면 부동산 투기가 일어났다고 해. 투자는 새로운 부가가치를 만들어 내어 물건의 실제 가치를 높이는 활동인 데 비해, 투기는 공급이 줄거나 수요가 크게 늘 거라고 보고 상품을 미리 사서 가격이 오를 때 팔아서 돈을 벌려는 거야. 부동산 투기가 일어나면 사람들은 빚을 얻어서라도 부동산을 사. 그러다가 실제 가치에 비해서 부동산 가격이 너무 많이 올라 거품이 생겼다는 것을 비로소 깨닫고 사람들이 갑자기 부동산을 파는 쪽으로 방향을 바꾸면, 가격은 하락하고 거품은 꺼지기 시작해. 부동산의 수요곡선이 오른쪽으로 이동하면서 가격이 올라서 거품이 생겼다가 공급곡선이 오른쪽으로 이동하며 가격이 하락하며 거품이 꺼지는 거지. 투기는 경제에 이득은 없고 혼란을 가져와 문제만 일으켜. 그렇지만 투기가 일어날 때는 많은 사람들이 냉정한 판단을 하지 못하고 너도나도 투기에 뛰어들어. 이런 투기의 가장 유명한 사례가 지금부터 들려줄 17세기 네덜란드에서 일어났던 튤립 버블이야.

16세기 중반, 터키가 원산지인 튤립이 유럽에 알려지자 튤립의 아름다운 모양과 선명한 색깔에 반한 사람들은 너도나도 이

나야말로 공급을 바꾸는 재주꾼

꽃을 가꾸고 싶어 했어. 터키에서 엄청난 값을 주고 수입한 튤립은 유럽에서 아주 비싼 가격으로 팔렸단다. 1600년경부터 중부 유럽에서 튤립을 직접 재배했지만 가격은 내려가지 않았어. 튤립을 키우지 않으면 교양이 없다는 말이 나올 정도로 튤립 사랑이 유난했던 네덜란드에서는 튤립의 인기가 날이 갈수록 높아졌어. 수요가 계속 늘어나 가격도 자꾸 올라갔지. 그러자 튤립을 재배하기 위해서가 아니라 돈벌이 수단으로 생각하면서 튤립 사재기를 하는 사람들이 늘어났어. 전 재산을 털어 튤립을 사는 사람들도 많았지.

공급량보다 수요량이 훨씬 많은 초과수요 현상이 지속되며 1634년에서 1636년까지 3년간 가격이 계속 오르자 튤립 한 뿌리의 가격이 1000길더가 넘었어. 당시 500길더가 한 가족이 1년 동안 생활하고도 남는 돈이었다고 하니, 도저히 이해할 수 없는 일이 벌어진 거야. 심지어 일주일 사이에 가격이 두 배로 치솟을 정도로 투기 열풍이 불었고, 가장 희귀한 튤립은 한 뿌리가 요즘 가격으로 10만 달러(우리 돈으로 약 1억 1000만 원 정도)에 팔리는가

하면, 튤립 한 뿌리와 암스테르담 중심지의 땅을 맞바꾸는 믿지 못할 일도 일어났어. 하지만 1637년 2월, 더 이상 가격이 오르지 못할 것이라고 판단한 일부 사람들이 튤립을 팔기 시작하자 상황은 갑자기 돌변했단다. 이번에는 시장에 튤립을 판다는 공급이 넘쳐 나 공급량이 수요량보다 훨씬 많아진 거야. 결국 튤립 가격은 예전 가격의 1퍼센트 수준까지 떨어졌고, 전 재산을 털어 넣고도 모자라 빚을 내서 튤립을 사재기했던 수많은 사람들이 빚더미에 올라앉았어. 사람들이 이토록 비이성적일 수 있다는 게 놀랍지?

5장

매트리스도 아닌 것이
탄력이 있다고?

통통, 탱탱,
경제에도 탄력성이 있어

이런 광고 카피가 있어. '침대는 가구가 아닙니다. 과학입니다.' 그래서 '다음에서 가구가 아닌 것은?'이라는 문제의 답을 '침대'라고 하는 초등학교 저학년 어린이들도 있다고 해. 과학에서는 물체가 외부에서 힘을 받았을 때 튀기는 힘이 있는 성질을 탄력성이라고 해. 그러니까 침대가 과학이라면 깊고 편안한 잠을 잘 수 있게 도와주는 탄력성을 가진 침대가 가장 좋은 침대일 테니 침대를 살 때 가장 주의 깊게 살펴야 할 점은 매트리스의 탄력성이겠지. 푹신한 느낌을 주는 매트리스는 딱딱한 느낌을 주는 매트리스보다 탄력성이 커. 사람에 따라 누군가에게는 푹신한 것이 좋고 누군가에게는 약간 딱딱한 것이 좋다니까 자기에게 맞는 탄력성을 가진 매트리스를 찾는 게 중요할 거야. 그래서 매트리스는 반드시 누워 보고 사라고 해.

매트리스의 탄력성 이야기를 하면서 또 어떤 경제 이야기를 슬쩍 끼워 넣으려는 건 아니냐고? 눈치가 제법 빠르네. 과학만이 아니라 경제에서도 탄력성을 말하는 경우가 있어. 경제에서는 두

가지 변수가 있는데, 한 변수의 값이 1퍼센트 변할 때 그 영향을 받는 변수는 몇 퍼센트나 변하는지 나타내는 것을 탄력성이라고 해. 수요에 영향을 주는 요인 중 하나는 소득이라고 했지? 수요와 소득이라는 변수를 놓고, 소득의 변화에 따라 수요가 변하는 정도를 나타내는 것을 수요의 소득탄력성이라고 해.

혹시 엥겔의 법칙(Engel's Law)이라는 말을 들어 보았니? 소득수준이 낮은 가계일수록 생활비 중에서 식료품비가 차지하는 비율이 높고, 소득이 증가함에 따라 지출 중에서 식료품비의 비중이 낮아진다는 법칙을 말해. 1857년 독일의 통계학자 에른스트 엥겔(Ernst Engel)이 153세대의 가계 지출을 조사한 결과 밝혀낸 것이라 그의 이름을 붙여 엥겔의 법칙이라고 하는 거야. 그리고 가계의 총 지출 중에서 식료품비가 차지하는 비율을 엥겔지수라고 하지. 식료품은 생활필수품으로서 소득의 높고 낮음에 관계없이 반드시 얼마만큼은 소비해야 하고, 어느 수준 이상은 소비할 필요가 없는 재화야. 그러므로 소득이 적은 가계라도 반드시 일정한 금액의 식료품비를 지출해야 하고, 소득이 증가하더라도 식료품비는 그보다 크게 증가하지 않는다는 거지. 그래서 소득수준이 높아지면 엥겔지수는 점점 작아지게 되는 거야. 엥겔의 법칙에 따르면 식료품 수요의 소득탄력성은 1보다 작은 거지.

통통, 탱탱, 경제에도 탄력성이 있어

아까 점심 식사를 한 음식점 이야기를 할 때 가격차별은 독점시장이나 독점적 경쟁시장에서 수요자를 그룹으로 나누었을 때, 그룹별로 수요의 가격탄력성이 다른 경우에 이루어진다고 했지? '시장이라고 다 같은 시장은 아니야'에서 독점시장과 독점적 경쟁시장에 대해서는 설명했고, 가격탄력성이 무엇인지 알려 주어야 가격차별이 생기는 경우를 완전히 이해할 것 같아서 경제에서의 탄력성이 무엇인지부터 말한 거야.

이제 가격탄력성으로 넘어가자. 가격탄력성이란 상품 가격이 달라질 때 그 수요량이나 공급량이 변하는 정도를 나타내는 지표야. 말하자면 가격이 춤추는 데 따라서 수요가 춤을 추는 정도는 수요의 가격탄력성, 공급이 춤을 추는 정도는 공급의 가격탄력성이라고 해.

가격에 민감할수록 커지는 수요의 가격탄력성

　수요의 가격탄력성은 상품의 가격이 오르거나 내리는 정도에 따라 수요량이 얼마나 변하는지를 나타내는 지표라고 했어. 가격이 조금만 올라도 수요량이 많이 줄어드는 상품이 있는가 하면, 가격이 많이 내려도 수요량이 별로 늘지 않는 상품도 있어. 수요의 가격탄력성은 수요량의 변동률을 가격의 변동률로 나누면 알 수 있어. 예를 들어, 놀이공원 입장권 가격이 10퍼센트 올라갈 때 수요량이 20퍼센트 준다면 수요의 가격탄력성은 2가 돼. 라면은 가격이 10퍼센트 오를 때 수요량이 2퍼센트 줄어든다면 수요의 가격탄력성이 0.2가 돼. 수요의 가격탄력성은 그 값이 1보다 크면 탄력적이라고 하고, 1보다 작으면 비탄력적이라고 해. 수요의 가격탄력성이 크면 클수록 수요는 가격에 민감하게 반응하는 거지. 간단히 말해, 가격의 영향을 많이 받으면 탄력성이 크고, 적게 받으면 탄력성이 작다고 생각하면 머리에 쏙 들어오지?

　2015년 정부는 담배 가격을 인상해서 담배의 수요를 줄이려 했다고 말했어. 그렇다면 담배 가격 인상으로 인해 줄어든 담배의 수요는 어느 정도일까? 이를 알아보려면 담배 수요의 가격탄력성을 알아보아야 해. 미국에서 이루어진 연구 결과에 따르면 담배 가격이 1퍼센트 오르면 전체 담배의 수요량은 0.4퍼센트 줄어드는 것으로 나타났어. 즉, 담배 수요의 가격탄력성은 0.4인 거지. 그런데 10대 소비자들의 경우에는 담배 가격이 1퍼센트 오르면 수요량은 1.2퍼센트 줄어들어 수요의 가격탄력성이 1.2였어. 전체 담배 수요의 가격탄력성은 1보다 작으니 비탄력적이지만, 10대 청소년들의 담배 수요의 가격탄력성은 1보다 크니까 탄력적이었어.

한국 사람들을 대상으로 한 담배 수요의 가격탄력성을 조사한 연구는 찾지 못했어. 하지만 한국에서도 청소년 담배 수요의 가격탄력성이 전체 담배 수요의 가격탄력성보다 크다고 짐작할 수 있는 통계는 있어. 2014년과 2015년 흡연율을 찾아 비교해 볼까? 검색어를 흡연율이라고 쳐 보자. 아, 보건복지부 질병관리본부에서 발표한 흡연율 통계를 찾았다. 표로 정리해 볼게.

연도	19세 이상 흡연율(%)	청소년 흡연율(%)
2014	43.2	14.0
2015	39.4	11.9

2015년 19세 이상 흡연율은 3.8퍼센트 줄었는데, 3.8퍼센트를 2014년 흡연율 43.2퍼센트로 나누면 약 0.09니까 2014년 흡연자의 9퍼센트 정도가 2015년에는 담배를 피우지 않게 되었다는 거지. 반면 청소년 흡연율은 2.1퍼센트 줄어들었는데, 이를 2014년 흡연율 14.0퍼센트로 나누면 0.15야. 즉, 2014년 청소년 흡연자의 15퍼센트가 2015년에 금연을 하게 되었어. 이를 통해 청소년 흡연자의 담배 수요의 가격탄력성은 19세 이상 흡연자의 담배 수요의 가격탄력성보다 크다는 걸 짐작할 수 있지.

이건 내 생각을 말한 것뿐이니까 오해하지는 마. 나는 담배 피우기는 아예 손을 대지 않는 것이 좋다고 생각해. 기호품은 한번 맛을 들이면 그만두기가 쉽지 않거든. 흡연의 비용을 담배를 사는 데 지불한 금액이라고만 보면 안 돼. 건강을 해치는 보이지 않는 비용도 염두에 두어야지.

식료품은 수요의 가격탄력성이 어떨까? 소득이 줄어들어도 끼니는 거를 수 없으니까 당연히 낮을 거라는 생각이 든다고? 맞아. 고급 베이커리의 비싼 케이크나 과자, 한우 소고기처럼 수요의 가격탄력성이 큰 식료품도 있기는 하지만 식료품 전체 수요의 가격탄력성은 작아. 마찬가지로 칫솔, 치약, 비누처럼 일상생활을 하는 데 반드시 있어야 하는 생활필수품도 가격탄력성이 작아. 또한 마땅한 대체재가 없거나 재화의 가격이 소득에서 차지하는 비중이 작을수록 수요의 가격탄력성은 작게 나타나.

기업이 이윤을 내려면 소비자들의 지갑을 열게 만드는 일이 중요해. 그래서 기업들은 수요의 가격탄력성을 정확하게 예측하고, 이에 맞는 마케팅 전략을 세우려고 하지. 엄마가 생일이거나 특별히 축하할 일이 있는 날만 가던 패밀리 레스토랑에 갑자기 가자고 했는데, 이유가 30퍼센트 할인 쿠폰을 사용할 때를 놓치기 싫어서였다고? 이런 경우도 수요의 가격탄력성과 관련이 있

냐고? 있고말고. 패밀리 레스토랑은 고객층이 음식 가격을 부담 스럽게 느끼지 않는 그룹과 가격이 부담스러워 레스토랑을 찾지 않는 그룹으로 나누어진다고 보았어. 모든 자리를 가격이 부담스 럽지 않는 고객으로 채울 수 있다면 굳이 할인 쿠폰을 발행할 이유가 없겠지. 하 지만 빈자리가 많이 생긴다면 음식 가격이 부담스러운 고객의 발길을 끌기 위해 수요의 가격탄 력성을 고려해 30퍼 센트 할인 쿠폰을 발행하 는 거야. 하지만 한 줄에 삼사천 원인 김밥을 파 는 김밥 가게에서는 할 인 쿠폰을 발행하지 않아. 김밥 가게 음식은 수요의 가격탄력성이 별로 크지 않거든.

웰컴!

STEAK

백화점 할인 기간에 유명 상표 옷 매장에 서 판매대에 쌓여 있거나 철 지난 옷들을 저렴하게 파는 곳에 사람들이 많이 몰리는 것도 유명 상표 옷은 수요의 가격탄력성이 크기 때문이야. 알고 보면 백화점 매장 배치도 상품별 수요의 가격탄력성을 고려하여 이루어진 거란다. 충동구매를 할 확률이 높은, 수요의 가격탄력성이 큰 상품은 사람들의 발길이 가장 쉽게 닿는 곳에 있어야 매출을 올리는 데 도움을 주거든. 그래서 1층에는 구두, 가방, 액세서리, 화장품처럼 수요의 가격탄력성이 높은 상품들을 팔지. 여성복의 수요의 가격탄력성은 다른 옷 수요의 가격탄력성보다 크기 때문에 여성복을 파는 층은 남성복이나 아동복, 스포츠용품 매장보다 아래에 자리 잡고 있어. 슈퍼마켓과 푸드 코트 등 수요의 가격탄력성이 가장 작은 상품을 파는 매장은 지하에 만들지.

가격에 민감할수록 커지는 공급의 가격탄력성

공급의 가격탄력성은 상품의 가격이 변동하는 데 따라서 공급량이 얼마나 변하는지를 나타내는 지표야. 공급량의 변동률을 가격의 변동률로 나누어 값을 구할 수 있어. 가격이 1퍼센트 올라갈 때 공급량이 2퍼센트 늘어나면 공급의 가격탄력성은 2가 되고, 공급량이 0.2퍼센트밖에 늘지 않았으면 공급의 가격탄력성은 0.2가 돼. 수요의 가격탄력성과 마찬가지로 공급의 가격탄력성도 그 값이 1보다 크면 탄력적이라고 하고, 1보다 작으면 비탄력적이라고 해. 공급의 가격탄력성이 크면 클수록 공급은 가격에 민감하게 반응하는 거고. 가격이 오를 때 공급을 쉽게 늘릴 수 있어 가격이 춤을 추다 말면 공급의 가격탄력성이 크고, 공급을 늘리기 어려워 가격이 계속 춤을 추거나 아예 널을 뛴다면 공급의 가격탄력성은 작은 거야.

명절이 가까워지면 언제나 채소와 과일 가격이 평소보다 많이 올랐다는 뉴스를 듣게 될 거야. 왜 그럴까? 농산물의 경우 일정한 재배 기간이 필요해서 짧은 시간 동안 생산량을 증가시킬 수 없고 저장이 쉽지 않으니까 가격이 올라간다고 공급량이 쉽게 늘지 않아. 농산물은 공급의 가격탄력성이 작은 거지. 그런데 집집마다 명절 준비로 수요는 한꺼번에 늘어나니까 가격이 자꾸 올라가는 거란다.

아, 명절음식 장만에 들어가는 비용이 늘어나는 건 피할 수 없지만 그걸 대비할 묘책이 없는 건 아니야. 농수축산물은 공급의 가격탄력성이 낮은데, 명절이 가까워질수록 수요는 늘어나 가격이 더 오르게 돼. 이를 염두에 두고 알뜰하게 장을 보는 비결을 알려 줄게. 잘 기억했다가 부모님께 알려 드리면 기특하다고 하실걸. 먼저 준비할 음식의 종류를 정하고 꼭 사야 할 재료들의 리스트를 작성하는 거야. 그리고 비교적 오래 보관할 수 있는 과일은 일주일 전에 미리 사고, 축산물은 명절 5일 전후, 상하기 쉬운 채소류는 2~3일 전에 사면, 명절 2~3일 전에 한꺼번에 장을 보는 것보다 저렴한 비용으로 음식 재료들을 살 수 있어. 허리케인 카트리나로 국제 원유 가격이 올라가 세계 경제가 침체되고 말라위 사람들의 굶주림이 더욱 심해졌던 것도 원유와 같은 자원이나 옥수수와 같은 농산물은 공급의 가격탄력성이 작기 때문이었지.

아, 네가 컬러링북 색칠하는 재미에 빠졌다고 했지? 몇 년 전부터 컬러링북 색칠 열풍이 불었어. 그래서 색연필 수요가 많이 늘었지만 색연필 가격이 거의 오르지 않았어. 색연필과 같은 공산품은 가격이 오르면 쉽게 공급량을 늘릴 수 있으니까 공급의 가격탄력성이 크기 때문이야. 수요가 늘면 공급도 따라서 늘어나니까 가격이 거의 오르지 않은 거지. 공산품이라고 공급의 가격탄력성이 항상 큰 건 아니야. 수요가 갑자기 늘어도 생산시설이 부족하여 공급을

이상저온으로 양파값이 비싸서...

STEAK

스테이크에 양파가 없네요~!

쉽게 늘릴 수 없다면 공급의 가격탄력성은 크지 않아.

옛날에 인쇄된 책이나 이미 세상을 떠난 화가의 그림은 가격이 올라간다고 공급을 늘릴 수 있는 것이 아니지. 이렇게 공급의 가격탄력성이 0이 되면 완전 비탄력적이라고 해. 이처럼 희소성이 높아 공급의 가격탄력성이 0인 상품은 파는 사람이 일방적으로 가격을 정하는 것보다 경쟁을 붙여서 최고 가격을 제시하는 사람에게 파는 것이 가장 좋은 거래 방법이야. 그래서 이런 상품은 경매를 통해서 거래가 이루어지고 있어.

마무리하는 차원에서 이렇게 정리를 해 볼까.

침대만 탄력성이 중요한 게 아니다. 경제에서도 탄력성이 경제활동을 좌우하는 중요한 지표다. 사는 사람 입장에서는 가격이 올라도 계속 사야 하는 물건이 있다. 먹고 입는 거는 아예 사지 않을 수 없다. 이런 상품은 가격에 둔감하다. 그걸 경제에서는 수요의 가격탄력성이 작다고 한다. 하지만 비싼 요리, 명품 옷은 안 먹고, 안 입을 수 있다. 가격이 반으로 뚝 떨어진다면 모를까. 아하, 가격에 민감한 상품이구나. 이런 상품을 수요의 가격탄력성이 크다고 한다.

파는 사람 입장은 또 어떨까. 쌀, 채소, 과일 등은 시장가격이 오른다고 쉽게 더 많이 재배해서 팔 수가 없다. 가슴 아파도 팔 물건이 더 없다. 이런 상품은 공급의 가격탄력성이 작은 것이다. 연필 가격이 오르면 연필 공장 사장님은 기계를 밤낮으로 돌려서 연필을 더 많이 생산하여 공급한다. 아하, 연필은 가격에 민감한 상품이로군. 공급의 가격탄력성이 큰 상품이라는 말씀.

자, 이렇게 정리를 하니 머릿속에 쏙 들어오는 것 같지? 가격에 따라서 수요와 공급이 상품마다 어떻게 반응을 하는지 말이야. 정말 가격은 생각보다 훨씬 더 큰 힘을 가진 것 같지 않니?

6장

깜박깜박,
가격신호등

소비자에겐 내린 가격이 구매 초록불

초록 불이 켜지면 건너고 빨간 불이 켜지면 건너지 말라는 신호등 노래가 있지? 꼭 노래가 아니어도 우린 다 알고 있어. 차가 오고 가는 복잡한 도로에서 신호등 불빛의 색깔을 보고 건널지 멈출지 판단해야 한다는 걸. 경제활동을 하는 생산자와 소비자에게도 신호등 역할을 하는 것이 있어. 바로 가격이지. 상품을 만드는 생산자는 가격이 오르면 생산을 늘리고 가격이 내리면 생산을 줄여. 반대로 상품을 구매하는 소비자는 가격이 내리면 소비를 늘리고 가격이 오르면 소비를 줄이지. 이처럼 생산자와 소비자는 가격을 보고 경제활동을 어떻게 할지 판단한단다.

또한 가격은 자원을 효율적으로 배분하는 역할도 해. 상품에 가격이 매겨지면 가격만큼의 만족을 느끼지 않는 사람들은 사지 않을 테니 필요 없는 소비를 하지 않게 만들어 불필요한 자원의 낭비를 막을 수 있거든.

수요와 공급에 영향을 주는 요인 중 하나가 대체재의 가격이라고 했어. 카레라이스에 넣을 돼지고기를 사려고 슈퍼마켓의 정육점 코너로 갔는데, 돼지고기 가격이 너무 많이 오른 걸 봤다고 하자. 살까 말까 망설이는데 닭 가슴살이 눈에 들어왔어. 가격을 보니 닭고기 가격은 오르지 않았고 돼지고기와 비교하면 훨씬 저렴한 거야. 그래서 돼지고기 대신 닭고기를 사기로 했지. 이처럼 원래 사려고 했던 상품의 가격은 올랐는데 대체할 수 있는 상품의 가격은 그대로라면 소비자는 계획했던 소비를 포기하고 더 큰 만족감을 느끼는 쪽을 선택하는 거야. 상품의 가격이 소비 활동의 신호등 역할을 하는 거지.

아빠가 양파가 수북하게 담긴 바구니를 내밀며 껍질 까는 일을 도와달라고 하셨다고? 작년에는 양파가 너무 비싸서 피클을 담그지 못했는데 올해는 양파 가격이 떨어져 피클을 잔뜩 담글 거라시면서. 이처럼 가격이 내리면 소비자들은 저렴한 가격이 주는 만족감을 즐기며 평소보다 훨씬 더 많은 양을 사기도 해.

한국의 스마트폰 가입자가 5천만 명이 넘었다고 하니 우리는 1인 1스마트폰 시대에 살고 있지만 스마트폰의 역사는 그리 길지 않아. 스마트폰이 선을 보이고 나서 소비자들에게 가격이 어떻게 신호등 역할을 했는지 살펴볼까?

2007년 1월 9일 샌프란시스코에서 열린 맥월드 2007 행사장에서 검은 터틀넥 티셔츠와 청바지를 입은 애플의 CEO 스티브

잡스는 최초의 스마트폰인 아이폰을 선보였어. 자판을 없애고 터치식 스크린으로 조작할 수 있는 아이폰은 MP3 플레이어이인 아이팟(iPod)에 전화와 인터넷 접속 기능을 합친 복합 휴대기기였지. 2007년 6월 29일 미국에서 판매를 시작한 아이폰 2G 가격은 미국 통신회사 AT&T와 2년 약정을 할 경우 용량 4GB 가격이 499달러, 용량 8GB 가격은 599달러였어. 아직 앱스토어도 없는 버전이었는데 가격이 제법 비쌌지?

스마트폰 대중화는 2008년 7월 용량 8GB와 16GB에 앱스토어도 실린 아이폰 3G가 나오면서 시작되었어. "두 배 더 빠른, 절반의 가격(Twice as Fast, Half the Price)"이라는 슬로건처럼 기능이 좋아진 것은 물론이고 용량 8GB 기기가 2년 약정을 하면 199달러, 용량 16GB 기기는 299달러로 가격도 저렴해졌거든. 2009년 6월 아이폰 3GS가 선을 보였는데, 2년 약정을 하면 용량 16GB 기기는 199달러, 용량 32GB 기기는 299달러라는 가격이 알려지자 사람들은 이를 사기 위해 길게 줄을 서야 했고, 판매 시작 일주일 만에 100만 대 이상이 팔려 나갔단다. 아이폰 3GS가 선을 보이면서 용량 8GB 기기의 가격은 99달러로 내려갔지. 성능 향상을 따지지 않더라도 아이폰 용량 8GB 기기의 가격은 불과 2년 만에 599달러에서 99달러로 하락한 거야. 그러자 피처폰(feature phone)을 바꿀 시기가 되면 피처폰과 스마트폰을 놓고 저울질하다가 스마트폰을 선택하는 사람들이 늘어나게 되었단다. 피처폰이 뭐냐고? 피처폰은 스마트폰 이전에 나온 휴대전화를 말하는데 통화 외에 다양한 기능과 특색(feature)이 있는 휴대전화란 뜻으로 붙여진 말이야. 구글의 안드로이드, 애플의 iOS 등 범용 운영체제(OS)가 실려 있지 않아 앱을 다운할 수 없는 휴대전화를 피처폰이라고 보면 돼.

스마트폰이 세상에 나온 후 어느 정도로 팔리고 있는지 찾아볼까?

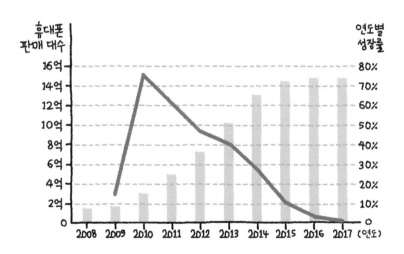

회색 막대그래프는 한 해에 전 세계에서 팔린 스마트폰의 대수를 나타내고 있어. 주황색 꺾은선그래프는 스마트폰의 수요량이 늘어난 비율을 나타내. 이 그래프를 보면 애플의 아이폰 3와 삼성전자의 옴니아가 나왔던 2008년과 2009년에는 한 해 스마트폰 판매량은 2억 대에 미치지 못했어. 전년에 비해 판매량이 가장 많이 늘어난 시기는 아이폰 4와 갤럭시 S가 시장에 나왔던 2010년으로, 2009년에 비교해서 신장률이 75퍼센트를 넘어섰어. 2011년부터 신장률은 낮아졌지만 수요량은 계속 늘어나 2015년부터 해마다 14억 개가 넘는 스마트폰이 팔렸어.

피처폰과 완전히 차별화되는 기능에도 불구하고 저렴해진 스마트폰 가격은 피처폰을 버리고 스마트폰으로 갈아타라는 신호가 되었어. 스마트폰 시장이 자리 잡자 생산자들은 최신 폰 가격이 부담스러운 소비자를 겨냥하여 저렴한 가격대의 기기도 생산했어. 통신사와 약정을 하는 경우 공짜나 다름없이 저렴해진 가격은 누구나 스마트폰을 가질 수 있다는 신호가 되었지. 그리하여 스마트폰은 생활필수품이 되었고, 스마트폰 시장은 이처럼 폭발적으로 성장했던 거야.

생산자에겐 오른 가격이 생산 초록불

가격은 소비자가 의사결정을 할 때만 신호등 역할을 하는 건 아니야. 생산자도 마찬가지로 어떤 상품을 더 생산하고 어떤 상품을 그만 생산할 것인지 결정할 때 가격을 봐. 가격이 오른 상품의 생산량을 늘리면 더 많은 이윤을 기대할 수 있거든. 반대로 시장에서 사람들이 찾지 않는 상품은 가격이 떨어지는데, 기업이 그런 상품의 생산량을 줄이지 않으면 손실을 볼 수도 있어.

생산자에게 가격이 어떻게 신호등 역할을 하는지를 역시 스마트폰을 통해서 살펴볼까? 아이폰을 내놓았던 애플조차도 스마트폰이 이렇게 세상을 바꾸어 놓을 줄은 몰랐다고 해. 처음에는 버그도 많아서 아이폰 2G를 소개하다가 문제가 생기지 않을까 전전긍긍했다는구나. 그런데 제법 센 가격을 매겼는데도 기꺼이 지갑을 여는 소비자들이 있는 걸 보고 애플은 물론 다른 핸드폰 생산 기업들도 깜짝 놀랐지. 비록 아이폰 2G가 많이 팔리지 않았지만 아이폰 2G의 가격은 애플에게 스마트폰 생산에 매달려 보자는 신호가 되었어.

아이폰 2G 가격은 피처폰 생산의 최강자였던 삼성전자에게
도 스마트폰 시장에 진출해야 한다는 신호가 되었어. 아이폰이
선을 보였을 시기의 피처폰은 통신사와 약정을 하면 거의 공짜
여서 이윤이 아주 적었지. 피처폰에 비해 아주 비싼 스마트폰 가
격은 이제 피처폰 대신 스마트폰을 생산해야 한다는 걸 알려 준
거야. 삼성전자는 2008년 6월 싱가포르에서 옴니아라는 스마트
폰을 선보였고, 11월부터 한국 시장에 맞게 기기를 리모델링한

애니콜 T*옴니아를 팔기 시
작했어. 가격은 4GB 기기가 96
만 8000원, 16GB 기기는 106만 8100원이
었어. 많은 문제점을 안고 있어서 옴레기(옴니아=쓰레
기)라고 불릴 정도였지만 비싼 가격에도 불구하고 5개월 만에 13
만 대가 팔려 나갔지. 2009년 아이폰 3GS의 성공을 본 삼성전자
는 아이폰을 뛰어넘는 스마트폰을 개발하는 데 총력을 기울였어.
　　2010년 6월 애플과 삼성전자는 아이폰 4와 갤럭시 S를 각각
선보이며 스마트폰 시장을 놓고 격돌을 벌이게 되었지. 2010년

6월 4일 금요일 싱가포르에 처음 선을 보인 갤럭시 S 가격은 2년 약정의 경우 거의 무상으로, 약정 없이 1098싱가포르달러(약 750달러)였어. 판매를 시작한 첫 주말이 끝나기 전 삼성은 싱가포르 이동통신업체 싱텔(Singtel)이 기기를 모두 팔았다고 발표했단다. 2010년 6월 25일 갤럭시 S는 말레이시아 시장에서도 선을 보였어. 이동통신업체 맥시스(Maxis)를 통해 1년 약정일 때 1699링깃(약 515달러)의 가격이었지.

애플도 스마트폰 기술 향상에 매진하여 아이폰 4를 2010년 6월 7일 애플 세계 개발자 회의(WWDC)에서 발표하였고, 6월 24일 세계 각국 시장에서 팔기 시작했어. 미국 시장에서 아이폰 4는 아이폰 3GS 발매 때와 가격은 같았어. 그러나 배터리 사용 시간이 획기적으로 늘어났고 단말기 두께는 얇아졌지만 외부 충격에는 더 강해지는 등 한 단계 성능이 발전하여서 아이폰의 인기는 식지 않았단다.

가격이 보내는 신호를 잘 읽은 애플과 삼성전자는 계속 성장하는 스마트폰 시장의 선두주자가 되었어. 생산자가 가격이 보내는 신호를 잘 읽는다는 건 정말 중요하지?

가격보다 만족도가 커야지

이번엔 의사결정의 신호등 역할을 하는 가격의 변화와 스마트폰 시장의 수요와 공급을 함께 살펴볼까? 아이폰 2G는 피처폰에 비해 월등한 기능이 없는데 가격은 비싸서 수요가 별로 없었어. 수요 측면에서 보면 아이폰 3G는 아이폰 2G보다 저렴해졌으니 스마트폰의 수요곡선이 그대로였다고 해도 수요량이 늘어났을 거야. 그런데 기능도 향상되어 수요곡선이 오른쪽으로 이동하는 효과까지 일어나 스마트폰의 균형거래량은 늘어나게 되었어.

공급 측면에서 보면 스마트폰 기능 향상을 위해 들어가는 비용이 초기에 스마트폰을 개발할 때 들어가는 비용보다 적어지면 공급곡선을 오른쪽으로 이동할 수 있게 돼. 수요곡선이 이동하지 않아도 판매량, 즉 균형거래량이 늘어나는 효과가 생겨. 그런데 수요곡선과 공급곡선이 모두 오른쪽으로 이동하였으니 스마트폰 판매량이 늘어난 거야.

2016년부터 판매량이 거의 늘지 않는 이유는 무엇일까? 스마트폰을 갖기 시작하는 평균 연령이 9세라고 하자. 유엔경제사회

이사회(ECOSOC)의 발표에 따르면 2017년 말 세계 인구 75억 명 중 9세 이상의 인구는 62억 명이었어. 스마트폰의 평균 사용 기간은 31개월이니까 이들이 모두 스마트폰을 갖는다고 하면 1년에 24억 개의 스마트폰이 팔려야 해. 그런데 2015년부터 판매량이 1년에 14억 개를 약간 넘긴 상태에 머물러 있다는 건 더 이상 새로운 소비자가 생기지 않는다고 봐야 해. 수요에 영향을 주는 요인 중 전체 소비자의 수가 있는데 새로운 소비자가 생기지 않으니 판매량이 늘지 않는 거지.

왜 새로운 소비자가 생기지 않을까? 세계 인구 중 하루 2달러 미만으로 살아가는 사람이 무려 20억 명이야. 이렇게 끼니를 걱정해야 하는 사람들에게 스마트폰은 생활필수품이 될 수 없잖아. 통신사와 약정하면 공짜 폰일지라도 매달 내야 하는 통신 요금의 부담이 만만치 않으니까. 또 통화와 문자 주고받기만 원하는 사람들은 스마트폰의 다양한 기능이 필요하지 않으니 굳이 비싼 통신요금을 내면서 스마트폰을 가질 필요가 없어. 모든 사람이 스마트폰을 가진 건 아니지만 이미 스마트폰 시장은 포화 상태라는 사실은 소비자는 물건을 살 때 꼭 필요한지 따져 보고, 품질과 기능도 충분히 알아보고, 만족도가 가격보다 커야지만 상품을 산다는 걸 말해 주고 있어. 가격보다 상품의 효용이

가격보다 만족도가 커야지

더 커야 상품을 사는 거지. 경제학에서는 소비가 주는 만족도를 효용이라고 표현해.

옷, 가방, 신발 따위를 살 때, 너는 유명 상표가 붙은 물건을 사기를 원하는데 부모님은 자꾸 다른 상표의 물건을 권하면서 실랑이를 벌인다고 했지? 유명 상표가 붙은 물건과 그렇지 않은 물건의 가격 차이는 제법 커. 부모님은 가성비, 즉 가격 대비 성능을 가장 중요하다고 여기고, 너는 가심비, 즉 가격 대비 마음의 만족이 큰 제품을 더 중요하게 생각하므로 사고 싶은 상품이 서로 다른 거야. 하지만 가격보다 본인이 느끼는 만족도가 커야지만 상품을 산다는 점은 다르지 않아. 그러니까 가격은 자원을 꼭 필요한 사람이 사용하게 하여 한정된 자원이 모자라거나 낭비되지 않게 효율적으로 배분하는 역할을 하는 거지. '공짜라면 양잿물도 마신다.'라는 속담이 있지? 돈을 주지 않고 공짜로 얻어지는 것이라면 자기 몸을 해치는 것이라도 가지려는 사람들의 욕심을 조롱하는 말이야. 그러니 어떤 상품을 공짜로 주면 서로 차지하려고 난리가 날걸. 공짜는 아니지만 상품이 주는 만족도에 비해 가격이 엄청나게 저렴하다면 꼭 필요하지 않아도 일단 사게 만들어 자원의 낭비가 생길 거야. 하지만 상품에 합당한 가격이 매겨지면, 가격보다 만족도가 크다고 느끼는 사람만 사게 하는 효과가 생겨. 가격보다 만족도가 작다면 상품을 사지 않을 테니 필요 없는 소비를 하지 않게 만들어 불필요한 자원의 낭비를 막을 수 있는 거야.

7장

수요와 공급,
가격을 모두 싣고 가는
빵빵한 자동차

자동차가 발명품에서 경제재가 되기까지

수요와 공급, 가격에 대해 공부하느라 고생했어. 쉽지 않은 내용이었지만 많은 걸 알게 되어 좋았다고? 그렇게 말해 주니 기분 좋네. 지금까지는 수요와 공급, 가격, 가격의 기능을 따로따로 알아봤어. 이제 네가 좋아하는 자동차를 예로 들어 이를 종합적으로 알아보자.

차는 바퀴가 굴러서 나아가며 사람이나 물건 운반용으로 사용되는 도구야. 자동차(自動車)는 한자 뜻 그대로 스스로 움직이는 차인데, 영어의 automobile에 해당하지.

사람들이 자동차를 타게 된 시기는 19세기 말부터지만 그 역사는 18세기로 거슬러 올라가. 이 세상에 처음으로 자동차를 선보인 사람은 프랑스의 군인이었던 니콜라 조제프 퀴뇨(Nicolas Joseph Cugnot)였어. 그는 제임스 와트가 증기기관을 발명했다는 소식을 듣고, 이를 이용해 말이 끄는 수레를 대신할 수 있는 스스로 움직이는 수레를 만들 생각을 했단다. 발명을 시작한 지

6개월 만인 1769년 퀴뇨는 증기자동차를 완성했고, 이를 타고 연기를 내뿜으며 파리 시내를 달렸어. 속도는 시속 4.8킬로미터로 형편없었지만 소나 말이 끌지 않아도 스스로 굴러가는 차를 보는 것만으로도 사람들은 깜짝 놀랐지. 그런데 불행하게도 길모퉁이에서 커브를 제대로 돌지 못해서 건물 벽을 들이받고 말았어. 세계 최초의 자동차가 일으킨 사고를 보고 혼비백산한 다른 군인들은 사령관에게 증기자동차를 '사람을 죽일 수 있는 무서운 기계'라고 보고했어. 그래서 증기자동차는 창고 깊숙한 곳에서 잠자는 신세가 되었고, 퀴뇨는 사람들에게 겁을 준 죄로 2년 가까운 기간 동안 옥살이를 하였지. 갇혀 지내면서도 증기자동차에 대한 미련을 버리지 못했던 그는 자유의 몸이 되자마자 증기자동차를 한 대 더 만들었어. 하지만 이를 사려는 사람은 아무도 없었단다. 실망한 퀴뇨는 유럽 곳곳을 떠돌며 살다가 1804년 79세의 나이로 세상을 떠났어.

왜 아무도 퀴뇨가 발명한 증기자동차를 사려고 하지 않았을까? 잠깐 자유재와 경제재에 대해 알아보자. 재화는 그냥 얻을 수 있는지 아니면 돈을 내고 사야 하는지에 따라 자유재와 경제재로 나누어. 공기나 햇빛처럼 대가를 지불하지 않아도 얻을 수 있는 재화를 자유재라 하고, 음식이나 옷처럼 돈을 내고 사야 하는 재화를 경제재라고 해. 다시 말하면 경제재란 수요와 공급이 있어서 시장에서 사고파는 거래가 이루어지는 재화들이야. 옛날에는 자연에서 그냥 얻었지만 오늘날에는 환경오염으로 인해 구하기 어려워져서 돈을 내고 마실 물을 사 먹어. 이처럼 예전에는 자유재였지만 시간이 흐르면서 경제재로 바뀐 재화도 있어.

비누, 샴푸, 치약, 칫솔, 수건, 화장지 등 지금은 생활필수품이지만 옛날 사람들은 사용하지 않았던 수많은 물건들은 어떻게 경제재로 자리 잡게 되었을까? 누군가 이런 물건들을 상품으로 만들어 공급했고, 이를 사용함으로써 얻는 만족감이 지불하는 돈보다 크다고 생각한 사람들이 있어서 수요가 생겨났어. 그리고 마침내 시장에서 거래되는 상품이 되었을 거야.

퀴뇨의 두 번째 증기자동차.
마차를 대신할 상품으로서 가치가
없어 발명품에 그치고 말았다.

사진에서 보는 것처럼 퀴뇨의 증기자동차는 앞바퀴가 한 개, 뒷바퀴가 두 개였는데 증기 엔진을 앞바퀴 앞쪽에 달아서 앞바퀴를 굴러가게 만들었어. 스스로 움직이는 차라는 점에서 놀라움을 불러일으켰지만 10분마다 증기기관에 물을 보충해 주어야 했고, 사람의 걸음걸이 정도의 속도를 낼 뿐이었어. 그래서 마차를 대신할 상품으로서의 가치는 없어서 수요가 생기지 않았고 시장에서 사고파는 경제재로 자리 잡지 못했던 거야.

퀴뇨가 증기자동차를 만든 후 100년이 넘는 세월이 지나서 자동차를 만들 꿈을 꾸는 사람들이 나타났어. 증기기관은 외부의 열을 이용하는 외연기관이어서 연료의 효율이 높지 않고 기관의 크기가 크다는 결점이 있었는데 이를 극복한 내연기관이 발명되었거든. 외연기관은 연료를 태우는 장치와 자동차를 움직이게 하는 장치가 분리되어 있지만, 내연기관은 이 두 장치를 하나로 합친 거야.

최초의 내연기관 발명은 1860년 프랑스인 장 조제프 에티엔 르누아르(Jean Joseph Etienne Lenoir)에 의해 이루어졌어. 1864년 독일인 니콜라우스 오토(Nikolaus Otto)는 흡입-압축-폭발-배기의 4사이클 내연기관을 발명해 1867년 파리박람회에 출품했는데, 여기에서 많은 관심을 받았지. 내연기관은 실린더에서 연

자동차가 발명품에서 경제재가 되기까지

료와 공기를 폭발시킬 때 생기는 높은 압력의 기체가 피스톤을 밀어내고, 이 힘으로 크랭크축으로 연결된 엔진을 움직이게 해.

고틀리프 다임러(Gottlieb Daimler)와 칼 프리드리히 벤츠(Karl Friedrich Benz)는 자동차의 아버지라고 불리는 사람들이야. 이들은 내연기관을 이용하면 마차를 대신할 자동차를 만들 수 있다고 판단하고 연구를 거듭하여 실용성이 있는 자동차를 발명하는 데 성공했거든. 뿐만 아니라 이를 만들어 팔기 위해 자동차회사도 세웠지. 두 사람의 이야기를 들어 볼래?

고틀리프 다임러는 오토 내연기관연구소에서 일했던 기술자였어. 1882년 빌헬름 마이바흐(Wilhelm Maybach)와 함께 칸슈타트(현재는 슈투트가르트)에 기계제작소를 세운 뒤 내연기관 연구에 몰두했지. 1883년에 가솔린기관을 발명했고, 1885년에 가솔린엔진을 발명하여 이를 자전거에 설치하고 시험운전까지 했어. 세계 최초의 모터사이클이 탄생한 거지. 그리고 다음 해인 1886년에 1기통 1.1마력(HP)짜리 가솔린엔진을 장착한 네 바퀴 자동차를 만드는 데 성공했어. 1기통은 실린더 한 개를 뜻하고, 1마력은 한 마리의 말이 1초 동안에 75킬로그램의 중량을 1미터 움직일 수 있는 에너지야. 현재 우리가 타는 자동차의 구조 및 작동원리와 거의 같은 형태의 자동차가 만들어진 거란다. 한 번 주유를 하여 50킬로미터 이상 운행할 수 있었으니 실용성도 갖추었지.

　다임러는 1886년 그의 기술에 대한 특허 등록을 했고, 1890년 자신의 성을 내세운 다임러 자동차회사(Daimler Motoren Gesellschaft)를 설립하여 자동차 주문 생산을 시작했단다. 새롭고 쓸모 있는 발명을 하여 특허 등록을 하면 특허권이 발생해. 특허권이란 새로운 제품이나 새로운 기술을 발명 또는 발견한 사람에게 일정 기간 이를 독점적으로 사용하거나 이에 대한 대가를 받고 팔 수 있는 권리야.

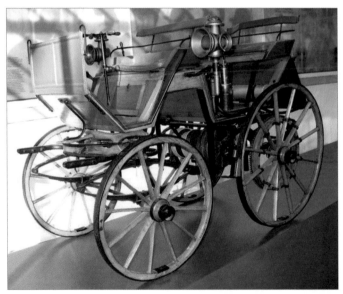

1886년에 특허 등록을 한 다임러의 가솔린자동차

90억 원짜리 메르세데스

　　다임러 자동차회사는 1900년 직원 344명이 96대의 자동차를 생산했어. 모든 생산이 수작업으로 이루어져 3.6명이 1년이 걸려야 자동차 한 대를 만들었지. 당연히 자동차 가격은 높을 수밖에 없어서 자동차는 유럽 최고 부자들만이 가질 수 있었어.

　　어느 정도로 비쌌을까? 다임러 자동차회사의 오스트리아 판매 대리인이자 카레이서였던 에밀 옐리네크(Emil Jellinek)는 빠른 속도와 안전성을 지닌 스포츠카를 만들어 주면 55만 골드마르크(Goldmark)를 지불하겠다고 했어. 당시 독일의 화폐였던 골드마르크를 은행으로 가져가면 바로 금으로 바꿀 수 있었지. 교환 비율은 금 1킬로그램당 2790골드마르크였어. 그러니까 55만 골드마르크는 약 200킬로그램의 금의 가치를 지녔지. 현재 돈 가치로 따지면 얼마냐고? 한번 찾아보자. 최근 3년간 금 시세를 검색해 보면 1그램당 평균가격은 대략 4만 5000원이네. 200킬로그램은 200 x 1000 x 45000 = ? 헉, 90억 원이야.

　　1900년 12월 완성된 자동차에는 주문자가 요청한 대로 그의

모든 생산이 수작업으로 이루어졌기에 당시 자동차는 최고의 부자들만 탈 수 있었다.
1900년 12월에 완성된 메르세데스 35hp의 가격은 현재 가치로 90억 원에 이른다.

딸 이름 메르세데스(Mercedes)가 들어간 다임러-메르세데스란 이름이 붙었어. 어때, 다임러의 첫 번째 가솔린자동차와 비교하면 훨씬 멋지지? 성능도 월등히 좋아져서 4기통 35마력으로 시속 75킬로미터를 달릴 수 있었지.

다임러-메르세데스가 세계적으로 큰 인기를 얻게 되자 1902년 다임러 자동차회사는 메르세데스란 상표를 등록하고 모든 차에 메르세데스라는 브랜드를 붙였어. 상표, 즉 브랜드는 소비자들에게 그것을 붙인 상품을 만든 사람이나 회사를 알려 주기 위해 사용하는 표지야. 상표법에 따라 상표 등록을 하면 다른 사람이나 회사는 이와 비슷한 상표를 사용할 수 없지.

한편 다임러가 자동차를 발명했던 시기보다 조금 더 빠른 1879년 최초로 2기통 가솔린 엔진 개발에 성공한 칼 프리드리히 벤츠는 자동차를 만들기 위해 1883년 독일 만하임에 '벤츠 앤 시에(Benz & Cie)'라는 회사를 설립했어. 1885년 드디어 1기통 2/3마력의 힘을 가진 가솔린엔진을 장착한 세 바퀴 자동차 페이턴트 모터바겐(Patent Motorwagen)을 발명했고, 1886년에 특허 등록을 했지.

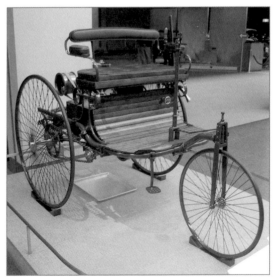

다임러와 정확히 같은 해인 1886년에 특허 등록을 한
벤츠의 페이턴트 모터바겐

다임러와 벤츠는 100킬로미터 정도 떨어진 곳에서 살았지만 생전에 서로 만난 적은 없었어. 그런데 같은 시기 독일에서 두 사람이 가솔린 엔진을 장착한 자동차를 만들었고, 같은 해인 1886년에 특허 등록을 했으니 신기하지?

처음에 벤츠는 사람들이 자기가 만든 자동차의 가치를 알아주지 못하자 실망해서 의기소침해졌대. 그러자 그의 아내가 자동차를 홍보하려고 남편에게는 알리지 않고 두 아들을 자동차에 태우고 106킬로미터를 하루에 주행하여 친정집을 방문했다고 해. 덕분에 사람들은 자동차의 가치를 알게 되었고, 주문 생산이 시작되었어. 1889년 직원 50명이었던 벤츠 앤 시에는 1899년 직원 430명으로 성장했지. 1893년에 개발한, 앞바퀴를 여러 각도로 움직일 수 있는 '빅토리아(Viktoria)'가 인기를 얻은 덕분이었어. 이후 벤츠 앤 시에는 1900년까지 매년 600대 정도의 자동차를 생산하여 세계 최대의 자동차회사가 되었단다.

1차 세계대전에서 패한 후 독일 경제가 침체되자 자동차 산업도 위기를 맞게 되었어. 불황에서 살아남기 위해서 기업들은 서로 합병을 하는 일이 많아졌는데, 수년 동안 경쟁관계를 유지했던 다임러 자동차회사와 벤츠 앤 시에도 1926년 합병하여 다임러-벤츠 사(Daimler-Benz AG)가 되었지. 이 회사에서 만들어지는 모든 자동차에는 메르세데스-벤츠라는 브랜드가 붙었어.

독일보다는 출발이 늦었지만 19세기 말 영국, 프랑스, 이탈리아에서도 자동차 생산이 시작되었어. 마차보다 실용적인 자동차의 공급이 가능해졌고, 비싼 값을 치르고라도 이를 산다는 수요가 있어서 자동차를 사고파는 시장이 자리 잡게 된 거야. 수요의 법칙이 적용되지 않는 베블런 효과를 기억하니? 엄청난 가격에도 불구하고 자동차 수요가 있었던 것은 이런 베블런 효과 때문이라고 할 수 있어. 이 시기에 유럽에서는 벽난로, 왕관, 마차, 신발, 여러 동물 모양 등 예쁘고 귀한 도자기 저금통이 많이 만들어졌어. 당시 유럽의 부자들이 집으로 초대한 손님이 보는 앞에서 도자기 저금통에 금화를 넣으며 뽐내는 일을 좋아했거든. 그러니 거리에서도 자동차를 타며 부자임을 뽐내고 싶었을 거야.

아무튼 주문자가 원하는 자동차를 사람의 손으로 만들어 내는 생산 방식으로는 가격을 크게 내릴 수 없어서 보통 사람들에게 자동차는 그림의 떡일 수밖에 없었어.

부자가 아니라 모두가 사게 하자

유럽에서 자동차 주문 생산이 이루어졌던 19세기 후반, 미국에서도 자동차를 주문 생산하는 회사들이 세워지기 시작했어. 자동차회사를 경영하는 사람들은 모두 부자들만이 자신들의 고객이 될 수 있다고 생각했어. 그러나 헨리 포드(Henry Ford)의 생각은 달랐지.

열두 살 소년이었을 때 석탄 에너지로 움직이는 증기엔진을 본 헨리 포드는 이를 이용하여 자동차를 만들겠다는 꿈을 꾸었다고 해. 열일곱 살 때 학업을 그만두고 자동차에 필요한 증기기관에 대한 지식을 익히려고 웨스팅하우스라는 증기기관 제작회사에 취직을 했어. 직장을 옮겨 에디슨 회사의 기술책임자로 일하면서도 퇴근 후에는 낡은 창고를 개조한 연구실에서 밤새워 자동차 연구에 몰두했지.

1896년 초여름, 드디어 그가 만든 최초의 자동차 포드 1호가 완성되었어. 자전거 바퀴에 마차 차대를 얹고 직접 만든 2기통짜리 가솔린엔진을 장착한 어설픈 모습이었지만 그는 모두가 잠든 새벽 거리에서 시험운전을 하면서 결심했단다. "난 보통 사람들도 자동차를 탈 수 있는 세상을 만들 거야." 1899년 여름부터 회사도 그만두고 디트로이트 자동차회사(Detroit Automobile Company)를 설립하여 오로지 자동차 연구에만 몰두했어. 하지만 제대로 된 자동차를 생산하지 못하고 안타깝게도 1년 6개월 만에 회사는 문을 닫았지.

잠깐 1900년과 1913년 미국 뉴욕 맨해튼의 거리를 찍은 사진을 보여 줄게. 1900년 맨해튼의 거리를 보면 마차가 사람과 물

1900년 뉴욕 맨해튼

건을 싣고 오가는 운송수단이었어. 1913년 거리는 온통 자동차로 뒤덮여 있지. 도대체 13년 만에 무슨 일이 일어났던 걸까? 보통 사람들도 자동차를 탈 수 있는 세상을 만들겠다는 헨리 포드의 포부가 이런 변화를 만들어 낸 거야.

처음 설립한 회사는 문을 닫았지만 자동차에 대한 그의 연구는 막을 내리지 않았고, 마침내 1901년 10월 26마력의 네 바퀴 자동차를 만드는 데 성공했어. 그리고 다른 사람들 투자를 받아서 1903년 다시 포드 자동차회사(Ford Motor Company)를 세울

1913년 뉴욕 맨해튼

수 있었단다. 그가 세운 회사가 미국 최초의 자동차회사는 아니었어. 당시 디트로이트에는 이미 50개가 넘는 자동차회사가 있었거든. 출발은 다른 사람들보다 늦었지만 헨리 포드는 결국 자동차의 왕이 되었어. 거기에는 생각의 차이가 있었지. 자동차는 부자들만 타는 상품이라고 생각하며 자동차를 생산했던 다른 회사들과 달리 그는 보통 사람들이 살 수 있는 상품으로 만들기 위해 고심했거든.

1900년대 초반 미국인들의 연평균 소득은 약 600달러 정도였고, 자동차 한 대는 2000~3000달러였어. 3년간 번 돈을 전혀 쓰지 않고 모아도 자동차 한 대를 살 수 없었지. 사람들의 자동차에 대한 수요가 변하지 않는데 자동차 판매 대수가 늘어나려

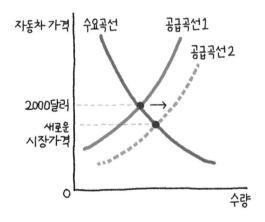

면 자동차 가격은 더 저렴해져야 해. 그러니까 공급곡선이 변하여(공급곡선 1 → 공급곡선 2) 새로운 시장가격이 2000달러 이하가 되어야지 수요가 늘어날 수 있어.

자동차 공급곡선이 이동하려면 자동차회사들이 이윤을 줄이거나 생산비용을 절감시킬 방안을 찾아야 해. 이미 50개가 넘는 자동차회사가 있었다면 경쟁이 치열해서 자동차회사들이 폭리를 취하지는 않았을 거야. 그렇다면 생산비용을 내려야 공급곡선의 이동이 가능하지. 생산비용을 줄일 방안을 찾던 포드는 자동차 부품을 표준화하고 호환성 있는 부품으로 자동차를 조립하기로 했어. 이런 노력의 결실이 1908년 10월 1일 시장에 선을 보인 '모델 T'야. 모델 T는 직렬 4기통 2890cc 가솔린엔진을 얹고 2단 기어로 시속 68킬로미터 정도로 달릴 수 있었어. 초기 판매가격은 825달러였으니 다른 자동차보다 반 이상 저렴했지. 2018년 현재 화폐 가치로 본다면 2만 3280달러 정도로 원화로는 약 2600만 원이야.

헨리 포드는 여기에서 그치지 않고 이렇게 말했어. "현대 공학의 힘을 총동원하여 최고의 소재로 차를 만들 겁니다. 하지만 가격은 아주 저렴하게 매겨서 괜찮은 보수를 받는 사람이면 누구나 살 수 있게 될 거예요." 결국 그렇게 되었지. 어떻게?

포드시스템 도입으로 가능해진 '모델 T' 가격 인하

포드 자동차회사는 1927년까지 오로지 모델 T만 생산했어. 최저 생산비용으로 자동차를 만들기 위해 제품을 구성하는 5000여 개의 부품과 생산 공정까지 표준화했지. 1914~1915년 생산 모델의 자동차 색깔은 오직 검정색뿐이었는데, 이것도 생산비 절감을 위해서야. 생산비용을 계속 줄이자 모델 T 판매가격은 1916년 360달러(2018년 기준 가치 8389달러, 약 938만 원), 1925년에는 260달러(2018년 기준 가치 3776달러, 약 420만 원) 까지 내릴 수 있었어.

어떻게 이런 파격적인 가격 인하가 가능했을까? 모델 T는 첫해 6870대가 팔렸고, 다음 해에는 판매 1만 대를 돌파했어. 1910년에는 가격을 900달러로 올렸지만 판매량이 늘어났단다. 저렴해진 가격으로 인해 수요량이 공급량보다 많은 초과수요가 생겨서 가격이 올라도 판매가 늘어날 수 있었던 거야. 1911년과 1912년의 가격은 각각 680달러, 590달러였고 생산량은 각각 3만 4858대, 6만 8773대였어. 폭발적으로 늘어난 공급과 수요

덕분에 1913년 사진에서 보듯이 뉴욕 맨해튼의 거리는 온통 모델 T로 뒤덮이게 되었지.

가격의 기능을 되새겨 볼까? 가격은 경제활동을 하는 소비자와 생산자에게 신호등 역할을 한다고 했어. 수제 자동차를 살 여력은 없는데 자동차를 갖고 싶었던 사람들에게 다른 자동차 가격의 3분에 1밖에 되지 않는 모델 T 가격은 이제 자동차를 사도 된다는 신호였어. 주문 생산에 의해 만들어져 세상에 하나밖에 없는 나만의 자동차를 타고 싶다는 고집을 버리고 자동차의 안전성과 실용성만 놓고 보면 모델 T는 아주 훌륭한 자동차였거든.

가격은 자원의 효율적 배분 역할도 해. 자동차 가격이 하락했다고 모든 사람들이 자동차를 샀던 건 아니야. 판매가격보다 큰 만족을 얻을 수 있는 소비자만 자동차를 샀을 테니 더 필요한 사람이 희소한 자원을 사용할 수 있었지. 다른 자동차회사는 모델 T 가격으로는 자동차를 공급할 수 없으므로 포드 자동차회사는 1911년 캐나다와 영국에서도 모델 T를 생산했어. 모델 T가 미국인의 자동차를 넘어 세계인의 자동차가 된 거지. 늘어나는 수요를 공급이 따라잡지 못하게 되자 헨리 포드는 생산을 늘릴 획기적인 방법을 찾기 시작했어. 부품이나 생산 공정을 표준화했지만 사람이 부품을 하나씩 찾아 가며 조립을 해서 자동차를 만들다 보니 생산을 하는 데 시간이 제법 걸렸거든.

다른 사람의 아이디어를 응용하는 데 천부적이었던 헨리 포드는 1913년 자동차회사에서는 처음으로 컨베이어 라인에 의한 작업방식을 도입했어. 이는 1911년 프레더릭 윈즐로 테일러(Frederick Winslow Taylor)가 발표했던 테일러시스템을 한 단계 발전시킨 방식이었지. 테일러는 작업의 동작과 걸리는 시간을 연구했고, 이를 바탕으로 노동자들이 일을 태만하게 하는 걸 막기 위해 하루 작업 표준량인 과업을 알려 주고, 일한 양에 따라 임금을 다르게 주면 일의 능률을 높일 수 있다고 했어. 테일러시스템은 노동생산성을 높이는 데는 효과가 있었지만, 사람을 교체 가능한 하나의 기계 부품처럼 다루었다는 비판도 받았지.

이동식 조립라인 방식은 '1초 이상 걷지 않는다'와 '결코 몸을 구부리지 않는다'라는 원칙을 적용한 시스템이야. 포드시스템[*]에서는 노동자들이 공구를 들고 작업대로 찾아가 제품을 만들고

[*]포드시스템은 생산 표준화 실시와 이동식 조립라인 방식에 의한 생산으로 구성되어 있어. 생산 표준화는 부품과 작업의 표준화(Standardization), 제품과 작업의 단순화(Simplification), 기계와 공구의 전문화(Specialization)로 나누어지지. 오늘날 대량생산의 일반원칙으로 자리 잡은 '3S 원칙'은 바로 여기에서 탄생한 거야.

7장 수요와 공급, 가격을 모두 싣고 가는 빵빵한 자동차

포드 자동차회사는 컨베이어 라인 도입으로 생산 시간을
획기적으로 줄여 자동차 판매가격을 대폭 줄일 수 있었다.

조립하는 대신 컨베이어 벨트가 끊임없이 조립품을 실어 나르고, 노동자들은 움직이지 않고 제자리에서 자기가 맡은 일을 반복해. 이로 인해 한 대당 630분이었던 생산 시간이 93분으로 단축되었어. 이렇게 생산 시간이 획기적으로 단축되었으니 자동차한 대를 생산하는 데 들어가는 인건비가 크게 줄어들어 자동차판매가격을 내릴 수 있는 엄청난 여력이 생긴 거야.

1913년 4월 1일, 컨베이어 시스템으로 생산된 자동차가 처음 세상에 나왔지.

임금 인상으로
자동차 수요가 늘어나다

포드시스템에 의한 생산으로 생산비용이 획기적으로 낮아져 회사의 이익이 늘어나자 헨리 포드는 노동자들의 임금을 대폭 올려 주었어. 포드시스템 도입으로 노동 강도가 높아지자 사표를 내고 떠나는 노동자들이 늘어났거든. 노동 강도는 일정한 시간에 처리해야 하는 일의 양을 뜻해. 포드 자동차회사는 1914년 1월 노동 시간을 하루 9시간에서 8시간으로 줄이고, 하루 최저임금을 5달러로 인상한다고 발표했어. 2018년 현재 가치로 약 127달러, 우리 돈으로 14만 원 정도지. 당시 하루 최저임금은 2.34달러였으니 파격적인 인상이었어. 임금 인상을 발표한 날 포드 공장의 문 앞에는 1만 명의 노동자가 환호성을 지르며 몰려들었지. 다른 기업가들은 경악을 했어. 미국 최대 경제신문인 〈월스트리트 저널〉에서 이를 '경제적 범죄'라고 비난할 정도였단다.

포드 공장의 임금 인상은 자동차 수요에 어떤 영향을 미쳤을까? 1914년 모델 T 가격은 440달러. 3년간의 임금을 모아도 살 수 없었던 자동차를 88일 동안 일하여 받은 임금을 모으면 살 수 있게 된 거야. 소득의 증가로 자동차 수요곡선이 오른쪽으로 이동하자 균형거래량이 늘어나 자동차는 날개 달린 듯 팔렸어.

주문 생산으로 자동차가 만들어지는 경우 생산량이 공급량이자 판매량이 될 거야. 모델 T는 주문 생산이 아니었으니 생산량과 판매량 사이에는 차이가 있겠지만 연도별 판매량에 대한 자료를 구할 수 없네. 차이가 크지 않을 테니 생산량이 공급량이자 판매량이라고 가정해 보자.

1915년 모델 T는 30만 8162대 생산되었는데, 이는 다른 299개 자동차회사가 생산한 자동차를 모두 합친 것보다 더 많은 양이었어.

표를 보면 1917년에는 모델 T 가격은 올랐지만 생산량은 증가했어. 이를 통해 시장에 초과수요가 있었다는 걸 짐작할 수 있어. 초과수요가 있으면 가격을 올려도 수요량이 줄어들지 않지. 수요공급의 법칙은 완전경쟁시장에서 시장가격을 결정하는 법

연도	생산량(대)	당시 가격(달러)	2018년 기준 가격(달러)
1915	30만 8162	390	9778.86
1916	50만 1462	345	8039.53
1917	73만 5020	500	9924.61
1918	66만 4076	500	8453.67
1919	49만 8342	500	7357.41

7장 수요와 공급, 가격을 모두 싣고 가는 빵빵한 자동차

칙인데, 당시의 자동차 시장은 완전경쟁시장이 아니었고, 수작업이 아닌 방식으로 생산되는 자동차 시장에서 포드 자동차회사가 생산량과 가격을 결정하는 독점 공급자였기 때문에 이런 현상이 생겼던 거야.

그러나 1918년과 1919년에는 가격이 그대로인데 수요는 줄어들었어. 왜 그럴까? 1년 이상 사용할 수 있는 자동차, 가전제품, 컴퓨터, 가구 등과 같은 물건을 내구재라고 해. 내구재는 한 번 구입한 사람이 같은 물건을 다시 구입할 때까지 시간이 필요해. 자동차를 살 여력이 있는 사람들은 1917년까지 이미 자동차를 샀을 테니 시장에 초과수요는 없었을 거야. 그래서 자동차를 살 필요가 있는 사람의 전체적인 수가 줄어들어서 수요곡선이 왼쪽으로 이동하게 된 거지.

이럴 때 다시 판매량을 늘리려면 어떻게 해야 할까? 생산자의 이윤이 거의 없어서 가격을 내릴 여력이 없다면 할 수 없지만 그렇지 않으면 이윤을 줄이고 공급가격을 내려야 해. 공급곡선이 오른쪽으로 이동해야 하는 거지. 그래서 포드 자동차회사는 1920년 모델 T의 가격을 395달러로 내렸어. 1923년 가격은 364달러였는데, 연간 생산량은 200만 대를 넘어섰지. 생산의 증가로 한 대당 생산비용은 지속적으로 내려가고, 가격을 내릴 여력

임금 인상으로 자동차 수요가 늘어나다

이 계속 생겨서 1925년에는 260달러까지 가격을 내릴 수 있었던 거야. 모델 T는 1927년 생산이 중단될 때까지 누적 1500만 대라는 경이로운 판매기록을 세웠는데, 이는 당시 미국의 마차 대수와 거의 맞먹는 숫자였어. 전 세계 도로를 달리는 자동차 수의 68퍼센트가 모델 T일 때도 있었어.

1920년대 후반 다른 자동차회사들도 대량생산이 가능한 생산시설을 갖추고 저렴한 자동차를 생산하기 시작했어. 이들의 맹렬한 추격에 안일하게 대처했던 포드 자동차회사는 세계 1위 자동차회사 자리를 제너럴 모터스(General Motors Corporation)에 내주었지. 1929년 제너럴 모터스의 쉐보레(Chevrolet)가 세계에서 가장 많이 팔리는 자동차가 되었어.

기업들이 총알 없는 전쟁을 벌인다는 말을 들어 보았지? 자동차 시장의 최대 강자였던 포드 자동차회사가 잠시 방심한 사이 경쟁자가 추격을 해서 시장을 빼앗았어. 이처럼 기업의 경쟁은 치열한데, 경쟁에서 지면 시장에서 설 자리를 아주 잃어버리고 아예 문을 닫는 경우도 있지.

지금까지의 이야기를 정리해 볼까? 마차를 대신할 수 있을 정도의 성능을 갖춘 자동차를 발명하게 되어 자동차의 공급이 가능해졌어. 사람의 손을 거쳐 생산되므로 가격은 엄청나게 비쌌지만 이를 사려는 수요가 있어서 자동차 시장이 생겨났지. 처음에는 엄청난 부자들만 자동차를 살 수 있었어. 그런데 1908년 포드 자동차회사가 생산비용을 대폭 줄이고 보통 자동차의 3분의 1 가격으로 모델 T를 공급하면서 저렴한 자동차 시장이 만들어졌고, 혁신적인 포드시스템 도입으로 생산비용을 지속적으로 줄이며 가격을 내려서 자동차 공급곡선은 오른쪽으로 이동했어. 뿐만 아니라 임금을 대폭 올려서 노동자들의 소득수준을 높여서 자동차 수요곡선이 오른쪽으로 이동하게 만들었지. 자동차 공급곡선과 수요곡선이 오른쪽으로 이동하는 현상이 거듭되며 자동차의 대량생산과 대량소비의 시대가 열리게 된 거야.

8장

시장으로 떠난
경제체험학습

조선시대 양평에 시장이 생겼던 이유

네게 시장, 수요와 공급, 가격에 대해 너무 많은 이야기를 해서 머리가 터져 버리는 건 아닌지 걱정이다. 열심히 이야기를 들은 네게 상을 주고 싶은데, 나를 따라 나설래? 어디 갈 거냐고? 양평시장.

지금까지 시장에서 수요와 공급이 만나서 가격이 결정되는 걸 추상적으로 알아보았으니 눈으로 볼 수 있는 물리적인 시장을 구경해 보는 것도 의미가 있을 것 같거든. 오늘이 마침 양평 오일장이 열리는 날이야. 재래시장은 단순히 물건을 사고파는 곳이 아니라 그 지역의 문화와 생활 풍습을 접할 수 있어서 색다른 즐거움을 느낄 수 있어. 거기서 맛있는 음식도 먹자.

여기가 양평시장이구나. 시장 입구 현판에 '물 맑은 양평시장'이라고 쓰여 있네. 이름이 참 예쁘다. 이 시장의 유래는 조선시대 갈산장으로 거슬러 올라가. 시장은 대개 마을과 마을이 만나는 길목이나 지역의 중심이 되는 광장, 또는 배가 드나드는 강나루나 항구 근처 등 교통이 편리한 곳에 생겼어. 그래야 물건을 나르기 쉬워서 운반비용과 시간이 줄어들거든. 상하기 쉬운 채소나 과일, 생선과 같은 물건은 운반 시간이 아주 중요해. 운반 시간이 길어지면 신선함을 잃어버리게 되어 물건을 팔 수 없게 되니까. 도로나 교통수단이 발달하지 못했던 옛날에는 물건을 운반하는 데 육로보다는 물길을 이용하는 것이 더 편리했어. 육지에서 사람이 머리에 이거나 등에 지고 또는 수레를 이용하여 물건을 나르면 한 번에 나를 수 있는 양이 그리 많지 않지만, 물길을 이용하면 배에 싣고 한꺼번에 많은 물건을 나를 수 있거든. 그래서 옛날 시장들은 물길을 이용하여 쉽게 물건을 나를 수 있는 곳에 주로 자리 잡았어.

양평은 남한강과 북한강이 만나는 지역으로 예로부터 물길을 이용한 교통의 중심지였어. 강원도에서 수도인 한양으로 가려면 양평나루를 거쳐야 했지. 그래서 양평나루 근처에 시장이 생긴 거야. 양평군의 옛 이름이 갈산면이어서 시장 이름을 갈산장이라고 했는데, 바로 현재 양평시장이 있는 곳이었다고 해. 지도를 보면 이곳의 지리적인 특징이 바로 눈에 들어올 거야. 남한강변에서 시장까지 거리가 500미터도 안 되니 강에서 아주 가깝지?

이제 양평시장을 둘러보자. 시장은 여는 시기에 따라 상설시장과 정기시장으로 나뉘어. 상설시장은 일정한 장소에서 항상 열리

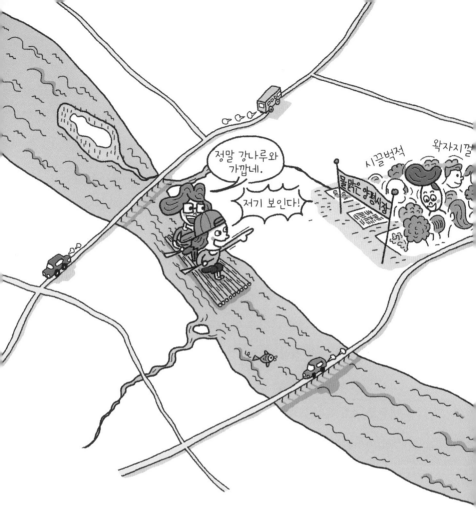

는 시장을 말하고, 정기시장은 5일이면 5일, 10일이면 10일, 일정

한 때마다 열리는 시장을 말하지. 양평시장은 상설시장과 5일마

다 열리는 정기시장이 결합된 형태야. 항상 문을 여는 상설시장에

는 약 400여 개의 점포가 있고, 매달 3·8·13·18·23·28일의 장날

에는 상설시장 근처에 지금처럼 200여 개의 노점이 펼쳐진단다.

슬슬 돌아다녀 볼까? 주방용품점, 꽃집, 옷가게, 신발가게, 화장품가게, 건어물가게, 귀금속점, 정육점, 지물포, 전기용품가게, 세탁소, 생선가게, 떡집 등 참 다양한 가게들이 있네. 일상생활에 필요한 용품들이라면 대부분 다 살 수 있어. 왁자지껄, 시끌벅적. 재래시장을 표현할 때 자주 쓰는 말들이야. 아주 시끄럽고 어수선하지만 소박하고 정다운 느낌이 들지?

돌아다니다 보니 좀 출출하네. 재래시장에 와서 즉석에서 만드는 음식을 먹지 않으면 섭섭하지. 양평해장국이 유명하지만 이미 식사는 했으니 패스. 잔치국수와 부침개, 수수부꾸미도 맛있어 보여. 우리 무얼 먹을까?

만약 시장이 사라진다면?

수수부꾸미가 참 맛있다! 그런데 어느 날 시장이 사라진다면 어떤 일이 일어날까? 물건을 사려는 사람은 필요한 물건을 구할 수 없어 발을 동동 구르며 안타까워할 거야. 필요한 물건을 만드는 사람을 직접 찾아 나서야 하겠지. 물건 만드는 사람을 찾을 수 없다면, 옛날 사람들처럼 스스로 필요한 물건을 만들어 써야 할지도 모르겠네.

물건을 팔려는 사람도 고생이 이만저만이 아닐걸. 물건을 등에 진 채, 살 사람을 하나하나 찾아다녀야 할 테니까. 또 과일, 채소, 생선 같은 물건은 제때 팔지 못하고 상해서 그냥 버리는 일도 생길 거야. 물건을 만들었지만 팔지 못해 손해를 보는 일이 잦아지면 물건 만드는 일을 그만두는 사람도 생길 거야. 그러면 만들어지는 물건의 양이 줄어들어 가격이 엄청나게 비싸질 수 있어. 그러니까 시장은 물건을 사려는 사람과 팔려는 사람 모두에게 꼭 필요한 곳이야.

양평시장을 둘러보니까 양평에서 재배되는 친환경농산물이

많이 거래되고 있지? 하지만 양평에서 생산된 상품만 팔고 있는 건 아니야. 이처럼 시장에서는 자기 고장에서 생산되지 않은 물건이라도 필요한 때에 쉽게 구할 수 있어. 마찬가지로 다른 고장의 시장을 통해서 자기 고장에서 생산된 물건을 쉽게 팔 수 있단다. 시장이 있어서 상품을 거래하는 데 들어가는 시간과 노력을 절약할 수 있는 거지.

시장에서는 상품에 대한 거래뿐만 아니라 상품에 대한 정보 교환이 이루어지기도 해. 미국의 경제학자 조지프 슘페터(Joseph Schumpeter)는 이런 말을 했어. "좋은 비누를 생산하는 것만으로 충분치 않고 소비자들에게 몸을 씻어야 할 필요성을 알리는 것이 중요하다." 아무리 좋은 제품이라도 소비자들이 모르고 관심을 갖지 않으면 수요가 생기지 않아. 그런데 생산자는 시장을 통해 신제품을 알리고, 소비자의 반응도 알아보고, 제품에 대한 입소문을 낼 수 있단다. 소비자는 상품에 대한 정보와 지식을 얻을 수 있고, 이를 바탕으로 다양한 상품 중에서 마음에 드는 걸 고를 수 있지.

가격 이야기를 할 때 유통과정이 단순해지면 판매가격은 더 저렴해질 수 있지만 유통업체들이 없는 것이 항상 좋은 것만은 아니라고 했어. 정말 그럴까? 누가 거래하느냐에 따라 시장을 도매시장과 소매시장으로 나누어. 도매시장은 '가락동 농수산물 도

매시장'처럼 도매상인들이 한꺼번에 많은 물건을 파는 시장인데, 우리한테 물건을 직접 파는 소매상인들이 자주 들러. 소매시장은 동네시장이나 양평시장처럼 사람들이 소매상인으로부터 물건을 낱개로 살 수 있는 시장이야. 만약 도매시장만 있다면 물건이 많이 필요하지 않을 때 어디에서 물건을 사지? 또 소매시장만 있으면 생산자들은 여러 소매상인과 거래해야 하니 아주 불편할 거야. 그래서 도매시장과 소매시장은 모두 필요하고, 각각의 시장들이 제 역할을 해서 물건을 사고파는 일이 쉬워지면 물건을 저장하고 보관하는 수고가 줄어들어.

만약 물건을 만드는 사람이 파는 일까지 직접 해야 한다면 신경 쓸 일이 많아서 좋은 물건을 만드는 일에만 온 힘을 쏟을 수 없어. 그런데 시장이

있어서 파는 일은 판매자에게 맡기고 생산자는 품질이 좋은 물건을 만드는 일에 집중할 수 있지. 이처럼 시장은 분업과 전문화를 가능하게 만들어서 생산 활동의 효율성을 높이는 데 한몫을 해. 분업은 생산을 효과적으로 하려고 각각의 일을 나누어 맡아 하는 것이야. 분업을 하면 각자가 가장 잘하는 일을 맡아서 하는 전문화가 가능하단다. 사람마다 재능이 다르니까 가장 잘할 수 있는 일도 다르고, 한 가지 일에 전념하면 일하는 속도가 빨라져. 그래서 분업과 전문화가 이루어지면 모든 일을 혼자서 다 하는 것보다 생산 활동이 훨씬 빠르고 효과적으로 이루어질 수 있어.

만약 시장이 사라진다면?

시장에는 보이지 않는 손이 있어

경제학의 아버지라 불리는 영국의 경제학자 애덤 스미스(Adam Smith)는 시장에서 이루어지는 경제활동에는 '보이지 않는 손'이 작용하여 경제적 조화가 이루어진다고 했어. 수요와 공급을 연결하는 시장에서 거래가 자연스럽게 이루어지면 상품의 가격과 팔리는 양을 시장이 자연스럽게 조절하는 현상을 이렇게 표현한 거야.

백화점이나 대형 할인점, 편의점처럼 가격 정찰제가 자리 잡은 형태의 시장에서는 소비자가 가격을 보고 적당하다고 판단하면 상품을 사게 돼. 가격을 보고 수요량이 결정되는 거지. 그런데 재래시장에서는 흥정을 할 수 있단다. 흥정하는 걸 보면 시장에서 수요와 공급이 만나서 가격과 거래량이 결정됨을 실감할 수 있을 거야.

내가 흥정을 시도해 볼 테니 정말 그런지 잘 지켜봐. 무엇을 살까? 아, 아까 저기 말린 산나물 파는 가게에서 싸리버섯을 파는 걸 봤어. 싸리버섯은 지금이 제철인데, 다른 시장에는 싸리버섯을 파는 가게가 거의 없어. 그러니 여기서 사야지. 싸리버섯 파는 곳으로 가 보자. 잠깐, 먼저 인터넷으로 싸리버섯 가격이 어느 정도인지 알아봐야지. 1킬로그램에 3만 원 정도 하는구나.

홍정하는 걸 보는 게 재미있었니? 홍정은 붙이고 싸움은 말리라는 속담이 있어. 좋은 일은 권하고 좋지 않은 일은 말리라는 뜻이야. 홍정을 통해 거래가 이루어지면 물건을 파는 사람과 사는 사람 모두에게 좋은 일이니까 이런 속담이 생긴 게 아닐까? 내가 홍정을 해서 싸리버섯을 산 과정을 우리가 공부한 내용으로 설명해 볼게.

양평시장에 싸리버섯을 파는 가게가 있다는 건 싸리버섯의 공급이 이루어지고 있다는 거야. 내가 싸리버섯을 사려고 했느니 수요 또한 있는 거고. 버섯가게 상인은 처음에 1킬로그램에 3만 원 달라고 했어. 난 인터넷의 판매가격과 같다면 굳이 여기서 사서 집까지 들고 갈 필요가 없다고 하면서 1킬로그램에 2만 3000원이면 사겠다고 했어. 상인은 그 가격으로는 남는 게 없다며 1킬로그램에 2만 7000원을 불렀지. 이윤을 조금 내리며 공급곡선을 오른쪽으로 이동시킨 거야. 난 그럼 서로 조금씩 양보해서 1킬로그램에 2만 5000원으로 하자고 했지. 나의 수요곡선도 오른쪽으로 살짝 이동한 거야. 이런 홍정 끝에 결국 2만 6000원에

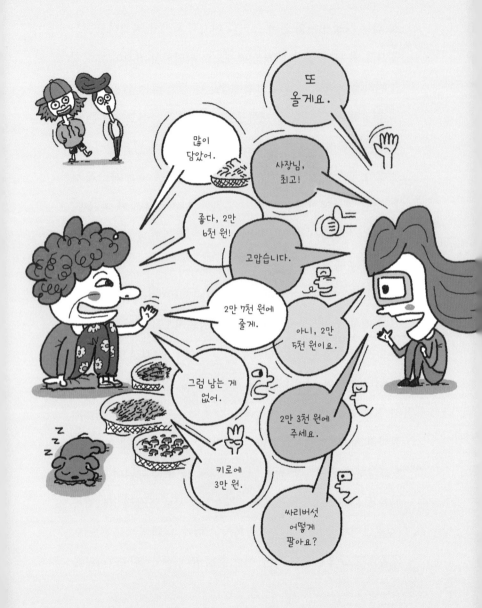

거래가 이루어졌지. 상인이 공급곡선을 조금 더 오른쪽으로 이동시켜 가격을 1킬로그램에 2만 3000원까지 내렸다면 나는 2킬로그램을 사려고 했는데, 2만 6000원이라 1킬로그램만 산 거야. 어때, 시장에서 수요와 공급이 만나서 가격과 거래량이 결정된다는 게 실감 나니? 아무튼 인터넷으로 사는 것보다 싸게 사서 난 발품을 판 보람을 느껴.

이틀에 걸쳐 참 많은 이야기를 나누었지? 시장을 돌아보면서 넌 무슨 생각을 했니? 난 미래의 시장은 어떤 모습으로 진화할까 생각해 봤어. 생산이 수공업으로 이루어지던 시대에는 주문 생산이 주로 이루어지다가 공장에서 기계로 이루어지는 생산으로 바뀌면서 소품종 대량생산의 시대가 되었어. 시장도 재래시장만이 아니라 백화점, 대형 할인점, 편의점, 인터넷 쇼핑몰 등 다양한 형태의 시장이 등장했지. 앞으로는 다품종 소량생산의 시대가 열릴 거라고 예상하는 사람들이 있는데, 그렇게 되면 그런 생산방식에 어울리는 시장이 활기를 띠겠지. 그러나 시장에서 수요와 공급이 만나서 거래가 이루어지고, 이런 거래로 가격과 거래량이 결정된다는 사실은 변하지 않을 거야.

여행을 마치며

지금까지 시장과 가격에 대해 많은 이야기를 나누었어. 수요와 공급이 자유로이 이루어지는 시장에서 시장가격과 균형거래량이 결정될 때 생산자의 이윤과 소비자의 만족도를 합친 값은 최대가 된다고 했지. 자원이 가장 효율적으로 배분된다고 말이야. 하지만 이러한 이론이 온전하게 적용되는 완전경쟁시장은 존재하지 않아. 그래서 이론과 달리 자원이 효율적으로 배분되지 않는 현실도 나타나고, 자유로운 시장질서와 가격 이론을 과소평가하는 우를 범하는 경우가 생기기도 해. 이론과 현실이 늘 같을 수만은 없지만, 중요한 것은 경제가 효율적으로 돌아가려면 시장과 가격의 역할이 잘 작동해야 함을 제대로 이해하고 현실에 적용하는 현명함일 거야.

여행을 시작하면서 시장의 종류와 특성, 수요와 공급, 가격의 결정과 변동에 대한 이론이나 법칙은 경제를 이해하는 데 가장 기본적인 지식이라고 했던 말 기억하니? 또 그걸 아는 것이 복잡한 경제 현상을 분석하고 흐름을 파악하는 능력을 기르는 첫걸음이라고 했던 말도. 시장과 가격에 대한 지식이 우리 생활에 필요한 상품과 서비스를 파는 시장과 거기서 거래되는 가격에만 적용되는 거라고 생각했을 수도 있어. 하지만 시장과 가격에 대한 지식이 없으면 모든 경제 문제를 제대로 파악하기 힘들어.

왜 그런지 한국 경제의 역사에서 빠지지 않고 거론되는 1997년 외환위기를 예로 들어 설명해 볼게. 1997년 초 한국에서 대기업들의 부도가 이어지자 한국 기업에 투자했던 외국인들은 우리 경제 상황이 나빠질 거라고 판단했어. 그런데 1997년 7월부터 태국, 인도네시아, 말레이시아 등 다른 아시아 국가들의 경제 상황도 아주 불안해졌어. 아시아 경제 전체를 위험하다고 판단했던 외국 투자자들은 서둘러 아시아에 투자했던 돈을 회수해야 한다고 판단했어. 우리 금융기관이나 기업에 돈을 빌려주었던 투자자들은 돈을 갚으라고 아우성쳤고, 우리 기업의 주식을 가지고 있었던 투자자들은 이를 팔기 바빴지. 주식을 팔자는 공급이 사자는 수요보다 많아졌으니 주식 가격은 엄청나게 떨어졌겠지.

우리가 외국에서 빌린 돈을 갚거나 외국 투자자들이 주식을 팔고 받은 돈을 자기 나라로 가져가려면 원화를 주고 외화를 사야 해. 그래서 외화를 사려는 수요가 한꺼번에 몰리니 환율은 하늘 높은 줄 모르고 올라갔지. 미달러화에 대한 원화의 환율이란 원화를 주고 미달러화를 사는 가격이라고 할 수 있어. 1997년 11

월 1일 964원 80전이었던 환율이 12월 4일에는 1249원 80전이 되었단다. 한 달 조금 넘는 기간에 무려 30퍼센트나 오른 거야. 정부는 비상시를 위해 가지고 있던 외환을 모두 풀어 시장에 공급했지만 도저히 버틸 수 없었어. 결국 우리 경제의 주권을 일부 포기하면서 IMF(국제통화기금)에서 외화를 빌리는 수밖에 없었지. 그러니까 1997년 외환위기를 제대로 이해하려면 외환시장과 외환의 수요와 공급에 대해 알아야만 한다는 게 맞는 말이지?

경제 뉴스에서 가장 자주 거론되는 단어는 물가, 금리, 환율, 임금, 주가(주식 가격), 원유와 부동산 가격 등일 거야. 가격이라는 표현을 쓰지 않았지만 물가는 모든 상품과 서비스의 종합적이고 평균적인 가격, 금리는 돈을 빌리는 값, 환율은 서로 다른 통화를 교환하는 가격, 임금은 노동의 가격이니 모든 경제 문제는 가격의 문제라고 할 수 있겠지.

모든 시장에서 가격의 역할에 문제가 생기지 않도록 하는 것이 경제가 잘 돌아가게 하는 비결이라는 생각이 든다고? 딩동댕! 맞아. 네가 모든 경제 문제를 이해하는 데 가장 기본이 되는 시

이 집 진짜 맛있었는데...

장과 가격의 중요성을 잘 이해한 것 같으니 기분이 좋은데. 네가 알게 된 시장과 가격, 그리고 수요와 공급 이론을 주변의 모든 경제 문제에 대입해서 이해해 보면 어떨까? 아마 어렵기만 했던 경제가 쉽게 다가오는 걸 느끼게 될 거야.

초판 1쇄 발행 2019년 4월 19일
초판 12쇄 발행 2025년 1월 31일

지은이 석혜원
그린이 신병근
함께 그린이 이혜원·선주리
펴낸이 홍석
이사 홍성우
인문편집부장 박월
편집 박주혜·조준태
디자인 윤현이
마케팅 이송희·김민경
제작 홍보람
관리 최우리·정원경·조영행

펴낸곳 도서출판 풀빛
등록 1979년 3월 6일 제2021-000055호
주소 07547 서울특별시 강서구 양천로 583 우림블루나인 A동 21층 2110호
전화 02-363-5995(영업), 02-364-0844(편집)
팩스 070-4275-0445
홈페이지 www.pulbit.co.kr
전자우편 inmun@pulbit.co.kr

ISBN 979-11-6172-733-2 44320
ISBN 979-11-6172-731-8 44080 (세트)

이 책의 국립중앙도서관 출판시도서목록(CIP)은 서지정보유통지원시스템
홈페이지(seoji.nl.go.kr)와 국가자료공동목록시스템(www.nl.go.kr/kolisnet)에서
이용하실 수 있습니다.(CIP제어번호 : CIP2019008893)

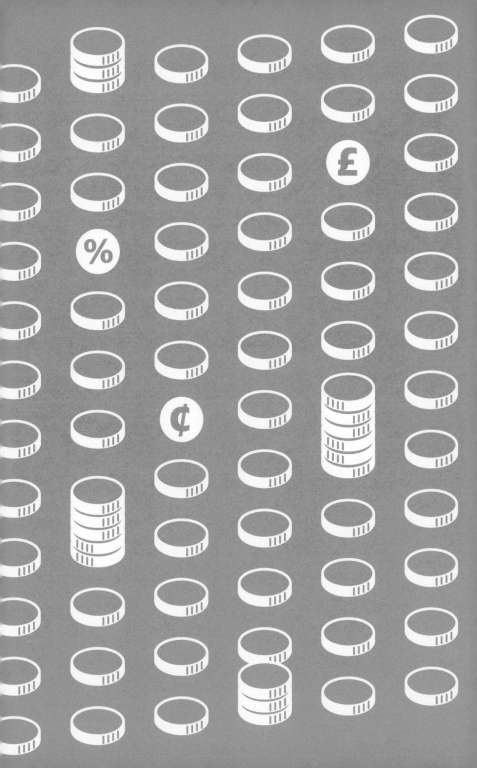